THE THIRD WAY
第三条道路

社会民主主义的复兴
THE RENEWAL OF SOCIAL DEMOCRACY

〔英〕安东尼·吉登斯 著
郑戈 译

商务印书馆
创于1897　The Commercial Press

Anthony Giddens

THE THIRD WAY

The Renewal of Social Democracy

Polity Press

CAMBRIDGE AND MALDEN

Copyright © Anthony Giddens

根据政治出版社 1998 年版译出

目　录

作者序 …………………………………………………………… 1

第一章　社会主义及之后 …………………………………… 4
社会主义 ………………………………………………………… 5
老派社会民主主义 …………………………………………… 10
新自由主义的观点 …………………………………………… 12
各种原则的对比 ……………………………………………… 15
最近的争论 …………………………………………………… 17
政治支持的结构 ……………………………………………… 20
社会民主主义的命运 ………………………………………… 23

第二章　五种两难困境 ……………………………………… 26
全球化 ………………………………………………………… 27
个人主义 ……………………………………………………… 31
左和右 ………………………………………………………… 35
政治的行动主体 ……………………………………………… 42
生态问题 ……………………………………………………… 48
"第三条道路"政治 …………………………………………… 57

第三章　国家与公民社会 …………………………………… 61
民主制度的民主化 …………………………………………… 62

公民社会问题 68
　　犯罪与社区 75
　　民主的家庭 77
第四章　社会投资型国家 85
　　平等的含义 86
　　包容性与排斥性 89
　　积极的福利社会 94
　　社会投资战略 101
第五章　迈向全球化的时代 110
　　世界性国家 111
　　多元文化主义 113
　　世界性民主 118
　　欧洲联盟 121
　　全球统理结构 123
　　全球范围的市场原教旨主义 125
结语 131

注释 133
索引 142

作者序

我撰写这本小书，是想为目前正在许多国家展开的关于社会民主政治之未来的讨论做出一点贡献。之所以会存在这样的讨论，其原因是非常明显的：直到20世纪70年代末期在工业化国家仍然占据主导地位的"福利共识"的瓦解，马克思主义的信誉最终受到的质疑，以及促使这一切发生的异常深刻的社会、经济和技术变迁。我们应当怎样来回应这些变化？社会民主究竟还能否作为一种独具特色的政治哲学而绵延不绝？这些问题的答案就不那么明显了。

我相信，社会民主无论在意识形态层面还是在实践层面都不仅能够延续下去，而且还会再度兴盛起来。但是，只有在社会民主党人愿意比以往任何时候都更加彻底地修正他们的既有观念的情况下，社会民主才可能存在并发展下去。他们需要找到第三条道路。正像我在正文中将会指出的那样，"第三条道路"这个术语本身并不具有特别的重要意义。在社会民主的历史上，这一术语已经被使用过许多次；不同政治主张的思想家和政治家们也多次使用过它。在这里，我用这个术语来指称社会民主的复兴，即社会民主主义者在过去的一个世纪中不得不经常进行的阶段性反思的当下形态。

在英国，"第三条道路"已经逐渐同托尼·布莱尔（Tony Blair）和"新工党"的政治战略联系起来。人们经常把托尼·布莱尔的政治信念同美国"新民主党"的政治信念相比，而新工党与新民主党之间也的确存在着紧密和直接的联系。有人说过:"与撒切尔政府和梅杰政府一样,布莱尔政府是到大西洋的彼岸,而不是到英吉利海峡的彼岸去寻找启发。它的政治修辞是美国式的,影响其政治方略的知识资源来自美国,就连它的政治风格都是美国式的。"①

这种说法并不完全正确。比如,工党的劳动福利规划从表面上看似乎带有美式标签,但是,经过仔细推敲,我们便会发现,其实它的灵感更直接地来自斯堪的纳维亚半岛诸国,而不是来自美国,比如积极的劳动力市场规划。在这一说法的有效部分中,其重点也需要加以修正。关于新工党的讨论尽管是活跃而有趣的,但这种讨论基本上是在忽视欧洲大陆已经进行了一段时间的关于社会民主的类似讨论的情况下进行的。托尼·布莱尔与老工党的决裂是一项意义深远的事件,但是,几乎所有的欧洲社会民主党也都完成了类似的决裂。

在英国进行的类似讨论中,有许多方面尚有待于赶上欧洲大陆更为深入的关于社会民主的讨论。然而,英国又正在为一种蓬勃兴起的新观念做出积极的贡献:与其简单地照搬美国的思潮和观念,英国不如成为一座在美国与欧洲大陆之间的沟通之桥。大多数欧洲大陆国家都未曾像英国那样经历过如此长时期的新自由主义政府执政。无论撒切尔主义在英国造成了还是没有造成别的什么影响,有一点是可以肯定的:它震动了英国社会。玛格丽特·撒切尔正像大多数新自由主义者一样,并非一个一般意义上的保守派。在自由市场的旗帜下,她攻击既存的组织与精英;与此同时,她的政策更进一步推进了已经遍及整个社会的变迁。工党及其理论立场的同情者最初对此做出的反应是重申老左派的观点。但是,正是由于这样做而在选举上遭受的挫折,又促使工党转变自己的取向。因此,与欧洲大陆的社会民主阵营中产生的观点相比，在英国开展的政治讨论中产生了一些更加自由和开放的思路。在英国产生的思想与欧洲大陆的讨论是可以有直接的相关性的，因为这些讨论大多是在不同的背景下展开的。

这本书源于我与伊安·哈格里夫斯（Ian Hargreaves）和杰夫·马尔根（Geoff Mulgan）所进行的非正式的晚间讨论，我想对他们两人表示感谢。起初，我们想合编一部关于社会民主主义复兴的文献集。出于各种原因，这一计划未能实现，但是我从我们之间的讨论中得到了许多启发。我必须特别感谢戴维·赫尔德（David Held），他细心地阅读了本书的初稿和好几份修改稿，他的评论对于最后形成的文本是至关重要的。其他对我帮助甚大的人士还包括：马丁·阿尔布罗（Martin Albrow）、乌尔里希·贝克（Ulrich Beck）、艾利森·奇弗斯（Alison Cheevers）、米里亚姆·克拉克（Miriam Clarke）、阿曼达·古多尔（Amanda Goodall）、菲奥娜·格雷厄姆（Fiona Graham）、约翰·格雷（John Gray）、史蒂夫·希尔（Steve Hill）、朱利安·勒格朗（Julian Le Grand）、戴维·米利班德（David Miliband）、亨丽埃塔·摩尔（Henrietta Moore）和安妮·鲍尔（Anne Power）。我还想对阿莱娜·列杰涅娃（Alena Ledeneva）表示衷心的感谢，她不仅在总体上对本书的问世贡献良多，而且，每当我感到沮丧——这是常有的事情——的时候，她总是鼓励我坚持下去。

第一章 社会主义及之后

1　　1998年2月,托尼·布莱尔在华盛顿与美国领导人举行了一次政策讨论,讨论之后,布莱尔表述了为21世纪的国际社会创造一种中间偏左的共识的雄心壮志。这种新的努力将发展成一个回应全球秩序变迁的政策框架。他说:"老左派抵制这一变迁,新右派则任其发展。而我们应该驾驭这一变迁,使其达致社会的团结与繁荣。"① 这项任务是非常艰巨的,因为正像布莱尔这几句话所表明的那样,既存的政治意识形态都已不能对此变迁做出反应。

　　150年以前,马克思写道,"一个幽灵,共产主义的幽灵,在欧洲游荡",这就是社会主义或者共产主义的幽灵。*这一点在今天看来仍然是正确的,但我们说它"正确"的理由却不同于马克思设想的理由。社会主义和共产主义的"幽灵"仍然缠绕着我们。我们不能简单地放弃推动它们前进的那些价值和理想,因为这些价值和理想
2 中有一些对我们的社会和经济发展所要创造的美好生活来说仍然是必不可少的。目前我们所面临的挑战,就是如何在社会主义经济规划受到怀疑的地方使这些价值再现其意义。

　　今天的政治思想似乎已经失去了感召力,政治领袖们似乎也已经

---

* 这里是指马克思、恩格斯的《共产党宣言》中的开篇第一句。请参见中共中央马克思、恩格斯、列宁、斯大林著作编译局翻译的《共产党宣言》中译本(《马克思恩格斯选集》第一卷,人民出版社,1995年,第2版)。——译者

失去了领导的能力。公共讨论的主题成了各种各样的担忧：道德水准下降、贫富悬殊加剧、福利国家的压力等。唯一表现出坚定的乐观主义心态的群体就是那些相信技术可以解决我们所面临的一切问题的人。但是，技术变迁的后果从来都是好坏参半的，而且，技术在任何情况下都无法为一种有效的政治规划打下坚实基础。如果政治思想想要重新获得感召力，就必须走出单纯对现实政治做出反应的模式，而且不能把眼光仅仅局限在人们习以为常的事务和狭小的空间范围之内。如果没有理想的话，政治生活就一无是处；但是，如果理想与现实可能性无关，理想就是空洞的。我们既需要知道自己想要创造的社会是什么样子，也需要知道向这种社会迈进的具体方式。本书试图指出如何达到这些目标以及如何使政治理想主义再生。

虽然本书的许多论证都涉及更为广阔的范围，我的主要参照对象仍将是英国。在英国和时下的许多国家，理论都落后于实践。由于失去了原有的确定性，号称代表左翼的政府正在创造的政策是不堪一击的。理论之体必须有政策骨架的支撑，不仅是为了支持其所作所为，而且是为了给政治提供更明确的方向感和目的感。左翼确实总是与社会主义联系在一起的，而现在社会主义——至少，作为一种经济管理体制的社会主义——已经发生了极大的改变。

社会主义

社会主义的起源与18世纪中晚期工业社会的早期发展息息相关。它的主要对手——保守主义也产生于这一时期，后者是在反对法国革命及其后果的过程中逐渐成型的。社会主义一开始是作为一种与个人主义相对立的思想体系而出现的,只是在后来它才把重点放到对资本主义的批判上。在共产主义获得特定的含义之前,它在很大程度上是与社会主义一词彼此重合的,两者都试图维护社会或共同体的首要地位。

社会主义首先是一种哲学和伦理学上的念头。但是,早在马克思之前,它就已经披上了经济学说的外衣。然而,正是马克思为社会主义提供了一种严密、精细的经济理论。他还把社会主义放到一种对历史加以全面审视的背景中去。马克思的基本立场逐渐被其他社会主义者接受,无论他们在其他方面存在多大的分歧。社会主义试图直面资本主义的局限性,以便使资本主义具有人性,或者完全推翻它。社会主义经济理论的基本思想是:如果任由资本主义自行发展下去的话,它在经济上是缺乏效率的,在社会上是严重分裂的,而且,从长远来看,资本主义无法实现自身的再生产。

资本主义可以通过社会主义性质的经济管理而被人性化,这一观念使社会主义具备了一个极为坚硬的外壳——尽管对于如何实现这一目标还存在各种不同的观点。在马克思看来,社会主义的兴衰取决于它能否创造出这样一个社会:与资本主义社会相比,这个社会能够生产出更多的物质财富,并且能够以更加公平的方式来分配这些财富。社会主义曾经以非凡的方式创造过奇迹。在第二次世界大战结束后的25年间,社会主义的计划经济似乎普遍存在于东方和西方。正像著名的经济问题评论家 E. F. M. 德宾(E. F. M. Durbin)在1949年描述的那样:"我们现在全都是计划者……自从大战以来,对自由经济的普遍信仰,已经以令人惊异的速度在世界各地迅速瓦解了。"②

西方社会主义的主要形态是社会民主主义,一种温和的、议会制的社会主义,其基础是得到强化的福利国家。在包括英国在内的许多国家，左翼和右翼都同样为福利国家的创立做出了贡献。但是在战后一段时期，社会主义者宣称这些贡献是由他们独家做出的。至少在某一段时期，苏联式社会所采用的、无所不包的计划呈现出了经济上的有效性。20世纪60年代，连续几届美国政府都十分重视"苏联将在未来30年内从经济上赶超美国"这样一种预判。

事后来看，我们终于明白了苏联为什么不仅未能赶超美国，反而远远落在了后面，以及为什么社会民主主义自身也遇到了危机。社会主义的计划经济理论低估了资本主义在创新、适应以及不断提高生产力方面的能力。社会主义也未能把握市场作为一种向买卖双方提供基本信息的机制的重要意义。当然，只是20世纪70年代初以后，在全球化和技术变迁的步伐逐渐加快的过程中，这些缺陷才逐渐暴露出来。

从20世纪70年代中期到苏联解体这一段时间，社会民主主义越来越多地受到自由市场哲学的挑战，特别是受到撒切尔主义或里根主义（更一般的称谓是新自由主义）的挑战。在此之前的一段时期，主张市场自由化的思想似乎已属于过去，属于一个已经被超越的时代。自由市场的重要鼓吹者弗里德里希·冯·哈耶克（Frederich von Hayek）以及其他站在自由市场的立场上批评社会主义的思想家们的言论，一度被视为古怪偏执，但自20世纪70年代中期以来它们一下子又成了一股不容忽视的力量。新自由主义在欧洲大陆的大多数国家造成的后果比在英国、美国、澳大利亚和拉丁美洲要小。但是，正像在别的地方一样，自由市场哲学对欧洲大陆的影响也是很大的。

"社会民主主义"和"新自由主义"概念所覆盖的范围非常之宽泛，涉及具有各种不同政策取向和言说方式的运动、党派和一般团体。例如，虽然里根政府和撒切尔政府是相互影响的，但它们在某些情况下仍然奉行着不同的政策。撒切尔夫人刚刚上台时，并没有一套羽翼丰满的意识形态，这套意识形态是在她执政的过程中逐渐发展成型的。"左翼"政党（比如新西兰的政党）在效法撒切尔政策的时候又为其中一些关键的政策信念赋予了不同的含义。而且，新自由主义也有两个流派。其中主要的一个流派是保守派，"新右派"这一术语就源于这一流派。新自由主义成为世界各地许多保守党派的政治观点。但是，还有另外一种与自由市场哲学相联系的重要思想类型，那就是道德和经济问题上的"自由放任论者"（libertarian）。比如，与撒切尔式的保守派不同，自由放任论者赞成性自由或者主张毒品的合法化。

"社会民主主义"者则是一个更加宽泛和更加含糊不清的术语。我用它来表示属于持改革立场的左派阵营的政党和团体，包括英国工党。在"二战"结束后不久的一段时期，许多不同国家的社会民主主义者都持有一种大体上相似的观点。这就是我将会论及的老派或古典的社会民主思想。自20世纪80年代以来，在回应新自由主义的兴起和社会主义所面临问题的过程中，世界各地的社会民主主义者都开始放弃这种先前的立场。

实践中的社会民主与由它们孕育出的福利制度一样有着各种差异很大的形态。欧洲的福利国家可以分成四种不同的制度类型，它们都分享着共同的历史起源、目标和结构：

- 英国的福利制度，重视社会服务和医疗保障，但也有按收入多寡来确定的福利；
- 斯堪的纳维亚或北欧福利国家，以高额税收为基础，基本取向是使每一位公民都享受到福利，提供慷慨的福利金和资金充裕

的国家服务,包括医疗卫生服务;
- 中欧各国的福利制度,对社会服务的投入相对较弱,但在其他方面却有充分的福利性投入,获得福利的主要途径是就业,而福利基金的主要来源是社会保险金;
- 南欧各国的制度,在形式上类似于中欧各国,但涉及的范围比前者窄,提供的支持也比前者少。③

考虑到这些差异,古典社会民主主义和新自由主义实际上代表着两种截然相反的政治哲学。我在下面两个方框里概括了两者之间的差异。这种粗线条的简单比较明显具有把现实简单化的危险。然而这里列出的差异是真实而重要的,并且,古典社会民主主义的残余在世界各地仍然非常顽强地延续着。

古典社会民主主义(老左派)

国家普遍而深入地介入社会生活和经济生活

国家对公民社会的支配

集体主义

凯恩斯式的需求侧管理,加上社团主义

限制市场的作用:混合经济或社会经济

充分就业

强烈的平等主义

多方位的福利国家,为公民提供"从摇篮到坟墓"的保障

线性的现代化道路

低度的生态意识

国际主义

属于两极世界

> **撒切尔主义或新自由主义（新右派）**
>
> 小政府
>
> 自治的公民社会
>
> 市场原教旨主义*
>
> 道德权威主义，加上强烈的经济个人主义
>
> 与其他市场一样，劳动力市场也是清楚、明晰的
>
> 对不平等的认可
>
> 传统的民族主义
>
> 作为安全网的福利国家
>
> 线性的现代化道路
>
> 低度的生态意识
>
> 关于国际秩序的现实主义理论
>
> 属于两极世界

老派社会民主主义

老派社会民主主义者认为，自由资本主义导致了许多马克思所诊断出来的弊端，但又相信这些症状可以通过国家对市场的干预而得到缓解或克服。国家有义务提供市场无法提供，或者只能以零散的方式提供的公共产品。在老派社会民主主义者看来，国家积极干预经济和社会的其他领域是正常的，同时也是应该的，因为公共权力在一个民主社会中代表着集体意志。有政府、企业和工会等参与

---

* 市场原教旨主义，原文是 market fundamentalism，意为"以市场为本基的主张"，本身与宗教无关，但是考虑到中文里对 fundamentalism 已经有了通用的译法，仍然将其译作原教旨主义。——译者

的集体决策可以在一定程度上取代市场机制。

对于古典社会民主主义者而言，国家对家庭生活的介入不仅必要，而且值得鼓励。国家福利在救助贫困家庭方面发挥着重要作用，而且，当个人基于这样或那样的原因而无法自食其力时，国家可以伸出手来助他们一臂之力。除了某些显而易见的例外情形，老派社会民主主义者对志愿组织往往表示怀疑。这些组织常常是在帮倒忙，因为与国家拨款的社会服务机构相比，这些组织往往都是非专业的，变幻无常的，还每每在接受其服务的人们面前摆出一副大恩人的姿态。

约翰·梅纳德·凯恩斯（John Maynard Keynes），这位使战后的福利制度成为共识的经济学大师，并不是一个社会主义者，但他的思想却包含着马克思和社会主义所强调的某些重要方面。与马克思一样，凯恩斯也认为资本主义制度中存在着一些非理性的因素，但他认为这些因素是可以控制的，从而使资本主义不至于自我毁灭。马克思和凯恩斯都倾向于把资本主义的生产效率视为理所当然。事实上，凯恩斯的理论并未重视经济中的供给方面，这与社会民主主义的先入之见恰好不谋而合。凯恩斯阐明了如何通过需求管理和创造一种混合经济来稳定市场资本主义。尽管他并不赞成国有化，但英国的混合经济的一个重要特征恰好就是国有化。某些经济部门应当从市场中抽离出来，这不仅是因为市场本身有缺陷，还因为某些对国计民生至关重要的产业不应掌握在私人手中。

对平等的追求已经成为所有社会民主主义者（包括英国工党）的主要关注点。更大程度的平等将通过各种拉平（leveling）策略来实现。比如，通过福利国家来推行的累进税制度，就是一种取富济贫的制度安排。福利国家有两项目标：首先是创造一个更加平等的社会,其次是保护各个生活领域中的个人。19世纪开始出现的最早的福利措施本来是由自由主义者和保守主义者倡导的,还常常遭到有组织的工人运动的反对。但是,战后的福利国家普遍在体力劳动阶级中拥有稳固的基础,这一阶级直到20年以前仍然是社会民主党派的主要选票来源。

直到在20世纪70年代末期遭受挫折时为止,各处的社会民主主义都一直遵循着线性的现代化模式——"社会主义道路"。英国福利国家兴起的最著名的阐释者——社会学家 T. H. 马歇尔(T. H. Marshall)对这样一种模式做出了也许是最引人注目的说明。福利国家是一个长期的公民权演进过程所达到的最高峰。正像战后初期的大多数人一样,马歇尔预期福利制度能够不断地进步和发展,实现与经济的发展相匹配的日益充分的社会权利。

大体上看,老派社会民主主义并不排斥对生态问题的关注,但是它发现自己很难把这种关注纳入到自己的政纲之中。对社团主义的侧重、充分就业取向以及对福利国家的绝对强调使它很难采取一个适当立场,并采取系统的措施来解决生态问题。此外,它在实践中也缺乏一种全球性眼光。从取向上看,它是国际主义的,这是指它试图在志同道合的政党之间建立团结,而并不意味着它会寻求国际合作来解决全球性的问题。但是,它与两极世界紧密联系在一起——它的立场介于美国式福利最小化和共产主义世界的指令性经济之间。

新自由主义的观点

新自由主义观点的一个首要特征是对"大政府"的敌视,这一特征有几个来源。英国保守主义之父埃德蒙·柏克（Edmund Burke）表达了他对国家的嫌恶，他认为过分扩张的国家会变成自由和自主的敌人。美国的保守主义则一直保持着对中央政府的敌意。撒切尔主义利用了这些思想，但它同时还利用了对于国家角色所持的古典自由主义怀疑论，这种怀疑论的基础是关于市场优越性的经济学论证。使国家最小化的理论与把公民社会视作一种社会团结的自生机制的独特观点紧密相关。必须允许公民社会的小股力量发展；而且，如果没有受到国家干预的阻碍，它们就能发展起来。一位作者说道，如果任由公民社会完成其自我设计的话，它将具有这样的美德："良好的品格、诚实、义务、自我牺牲、荣誉、服务、自律、宽容、尊重、公正、自强、信任、文明、坚韧、勇气、正直、勤勉、爱国主义、为他人着想、节俭以及崇敬。"④ 这位作者还说，在现代人听来，这些美德犹如"带着远古魔咒的悦耳铃声"——但是，这正是因为国家权力已经通过破坏公民社会压抑了它们。

据说，国家——尤其是福利国家——对公民社会的秩序具有破坏性；但市场不会如此，因为市场的兴衰取决于个人的能动性。正像公民社会的秩序一样，如果任由市场自行发展，它们将为社会提供最大的好处。市场是"永动机，它们只需要一个法律框架和不干预它的政府，就能实现不间断的增长"⑤。

新自由主义把无拘无束的市场力量与对传统制度——特别是家庭和民族——的维护联系起来。个人的能动性需要在经济领域得到发展，但责任和义务则应当在其他领域中得到维护。传统的家庭是社会秩序的功能性必要条件，传统的民族也一样。其他的家庭类型——比如单亲家庭或同性恋关系——则只会导致社会的衰败。其他任何弱化民族整体性的因素也会产生同样的后果。在新自由主义思想家和政治家的声明中，仇外主义的情绪溢于言表——他们把最严厉的责难留给了多元文化主义。

撒切尔主义者一向漠视不平等现象，甚至积极为这种现象背书。"社会不平等天然就是错误的或有害的"这一观点，是"天真的和不合情理的"。⑥ 总之，撒切尔主义者反对平等主义。平等主义的政策创造出一个单一的社会，而且，这些政策只能借助专制力量来推行。然而，那些偏向自由主义的人把机会平等看作值得追求的和十分必要的。这正是约翰·梅杰（John Major）不经意间与马克思产生共鸣，表达自己建立一个"无阶级社会"意图时的理由。一个任由市场自由运作的社会可能会产生大量的经济不平等现象，但这并不要紧，只要具备决心和能力的人能够上升到与他们的能力相匹配的位置就可以了。

反对福利国家是新自由主义观点最显著的特征之一。新自由主义者把福利国家看作一切罪恶的源泉，正像当初的革命左派把资本主义视为一切罪恶的源泉一样。有一位作者写道："我们将带着轻蔑的嘲笑来回顾福利国家，正像我们现在会开玩笑式地说奴隶制是组织有效率、有动力的生产活动的手段一样。"福利国家"给它所设想的受益者——被它界定为弱者、贫穷者和不幸者的人——造成了极大的损害……它削弱了个人的进取和自立精神，并且在我们这个自由社会的基础之下酝酿出某种一触即发的怨恨"⑦。

那么，在福利国家垮掉之后，由谁来提供福利呢？答案是市场引导的经济增长。福利不应当被理解为国家的补助，而应当被理解为最大化的经济增长以及由此带来的总体财富，而做到这一切的唯一办法就是让市场自己去创造奇迹。这种取向通常伴随着把生态问题当作一个恐怖故事而不予理睬的态度。撒切尔对"绿色资本主义"

的提议表示首肯，但新自由主义对生态问题的态度通常是敌视。曾经有人认为生态危机是被夸大的或者根本就不存在，它是末日审判神话贩卖者们发明的把戏；现在的证据反倒恰恰表明了人类社会正朝着一个前所未有的普遍繁荣的时代迈进。这是一种线性的现代化观念，几乎不考虑经济发展的任何限度。

与古典社会民主主义不同，新自由主义既是一种全球化理论，又是一种直接推动着全球化的力量。新自由主义者把那些指导他们参与地方性事务的哲学运用于全球层面。如果市场能够在不受干预或少受干预的情况下自由运作，那么这个世界最终将达到它的最佳状态。但是，正像传统民族观念的维护者一样，新自由主义者采纳了一种关于国际关系的现实主义理论，全球社会仍然是一个由民族国家组成的社会；在一个民族国家体系的世界里，真正起作用的是权力。为战争做好准备并维持军事实力，是国际体系中的国家角色的必要因素。正像老派社会民主主义一样，新自由主义是在两极秩序中产生的，并且受到使其得以产生的那些条件的限制。

各种原则的对比

新自由主义似乎已经在全球范围内取得了胜利。毕竟，社会民主主义正陷入意识形态的混乱之中，而且，如果说五十年以前人人都主张计划的话，那么现在似乎再没有人是计划者了。这是一种相当彻底的逆转，因为至少有那么一个世纪，社会主义者认为自己是代表历史发展方向的先驱。

但是，新自由主义也并非从未受到过挑战。其实它本身也陷入了某种困境，而了解其原因是非常重要的。其中最主要的原因是它的两个同等重要的组成部分——市场原教旨主义和保守主义之间存在张力。保守主义总是意味着以一种谨小慎微的实用主义姿态来看待社会和经济变迁,这正是柏克在面对法国革命的救世主式主张时所持有的态度。传统的连续性在保守主义的思想中占据核心地位。传统中包含着过去累积下来的智慧,并因此提供了一种迈向未来的指南。主张自由市场的哲学则持一种完全不同的态度,它把对未来的希望寄托在通过不断解放市场力量而获得的永无止息的经济增长上。

一方面钟情于自由市场,另一方面又寄希望于传统的家庭和民族,这是自相矛盾的。个人主义和自由选择应当在家庭和民族认同的边界上戛然而止,在那里,传统必须保持完好无损。但是,再也没有什么比市场力量的"不断革命"更能消解传统的了。市场的动力机制削弱了传统的权威结构并瓦解了地方共同体;新自由主义制造了新的风险和新的不确定性,而它却要求公民们忽视它们。而且,它忽视了市场本身的社会基础,这种基础正是被市场原教旨主义无情抛弃的共生形式。

老派社会民主主义又如何呢?我们可以分辨出一套被凯恩斯式的福利共识视之为理所当然而现在都已经相继解体了的社会特性:

- 一套社会系统,特别是一种家庭形式——在这种家庭中,丈夫外出工作赚钱,妻子则操持家务并抚育子女——这一套社会系统使明确地定义充分就业成为可能;
- 一个具有同质性的劳动力市场:在这个市场中,受到失业威胁的主要是体力劳动者,他们愿意从事任何工作,只要工资足以养家糊口;
- 大规模生产在基本的经济部门中占主导地位,它有助于为许多

第一章 社会主义及之后

劳动力创造稳定（即使不是报酬丰厚）的工作条件；
- 一个精英主义（elitist）的社会，少数具有公共意识的专家在国家的官僚机构中监控财政和金融政策的实施；
- 主要集中在主权领土范围内的国民经济，因为凯恩斯主义假定了国内经济相对于国际贸易在提供商品和服务方面的优势地位。⑧

老左派所奉行的平等主义在动机上是高尚的，但是，正像它的右派批评者们所说的那样，这种高尚的动机有时会导致悖理的结果。比如，衰败的、罪犯云集的贫民区就是社会工程所留下的遗产。被大多数人看作社会民主政治之核心的福利国家如今制造出来的问题比它所解决的问题还要多。

最近的争论

欧洲和其他地区的社会民主党派已经非常清楚地意识到了这些问题，而且，至少从20世纪80年代初期开始，它们一直不断地回应着这些问题。

在英国，摆脱古典社会民主原则的第一次系统化尝试包含在工党的《政策评论》（Policy Review）中，这一文件是在1987年10月的年度大会上产生的。在这次大会上组建了七个评论小组，每一个小组专门讨论一个特定的政策领域。工党本来设想使公众也参加这次讨论，但公开会议只有很少的人参加，最后没有起到很大的作用。面对着公众对撒切尔主义的普遍支持，各个政策评论小组一致认为工党应该更加重视个人自由和个人选择。早先提出的扩大工业企业的公有化范围的动议被取消了，凯恩斯主义的需求型管理被明确地放弃了，对工会的依赖程度也减弱了。生态问题虽被提到议事日程上来，但一直被低调处理并且没有被有效地整合到其余的政策框架之中。

大多数欧洲大陆国家的社会民主政党也经历了类似的改革过程，这些改革大多发生得更早一些，而且有时在意识形态上导致了更加彻底的变化。社会民主政党开始关心一些它们以前并不关心的问题，比如劳动生产率、参与性政策、社区发展，特别是生态问题。社会民主主义"超越了资源分配的舞台，开始强调生产的物质和生活组织以及发达工业社会中消费的文化环境"。⑨

比如，挪威工党在1986—1988年间发起了一场"自由问题"的讨论，这正好发生在保守党政府统治了一段时间之后。遍及全国各地的地方性研究小组围绕着六个主题展开了讨论：私人部门与公共部门之间的平衡；工作日的灵活性；教育机会；环境；住房以及经济民主。支持个人利益的言论不再被视为不正当，而且工党提出要使自己成为一个"开放的政党"，各种各样的群体都可以通过它来提出自己的要求。参加1989年"社会主义国际"会议的一位哥伦比亚代表是这样评论这一政策转向的："我的政党被称为自由派，但它其实是非常社会主义的。对于这些欧洲人来说，这是与社会主义相近的另一条道路。"⑩

一些主要的西方共产党在20世纪80年代开始发生类似的变化。意大利共产党于1991年重新组建为左翼民主党。在此以前，该党已经开始重视社会民主党派所讨论的那些主题了。20世纪80年代中期，一场关于左、右之分还有什么意义的重要讨论在意大利展开。对生态问题的关注、社区参与和宪政改革也早已被纳入议事日程。

最有意义的讨论也许发生在德国。正像在其他地方一样，这场讨论的目的是回应自由市场哲学的兴起，但是，影响甚大的绿色运动也强烈刺激了对政策变化的需求。经过五年时间的详细讨论，在具有象征意义的1989年，德国社会民主党通过了一份新的《基本原则纲领》（Basic Programme）。该纲领对生态问题给予了特别的强调。德国社会民主党是第一个抓住20世纪70年代末发生的生态思想大突破的重要社会民主党派。在古典社会民主思想中存在着这样的一种假定：经济发展与环境保护之间存在一种"以此换彼"的交易关系。根据生态现代化提出的新论点，环境保护应当被看作经济发展的一种重要资源，而不是它的对立面。

这份《基本原则纲领》还认识到"后物质主义"（post-materialism）在发达国家中产生的影响。对这一概念进行的最详尽的研究是由政治学家罗纳德·英格哈特（Ronald Inglehart）提供的。据说，在达到一定的富裕程度之后，选民们开始较之经济问题更关心自己的生活质量。《基本原则纲领》总结道："富裕的大多数"的观点已经不再体现集体主义和团结的社会民主精神。个人成就和经济竞争力越来越得到重视。

自从德国社会民主党于1959年发表其里程碑式的《哥德斯堡纲领》以来，它一直致力于建立"市场秩序"。现在，这一努力方向还伴随着国家干预主义的进一步退却。"国家所应尽的职责不是一种教条……检验的标准是看私人消费的增加或国家政绩的累进是否有助于提高生活质量。"《基本原则纲领》指出了"协调经济活动与社会保障"的需要，并强调"个体性与社会团结不应当是彼此对立的"。它最后总结道："只要选民中的重要成员对社会民主党的信任不是由于它出色地完成了经济现代化的任务，而只是由于它确保了社会安全保障体系的维系，它就很难赢得多数选票。"[11]

政治支持的结构

所有社会民主党派都不得不对政治支持方式的变化做出反应，这表明，前述这些政策转变是非常必要的。由于蓝领人数的急剧减少，以往一直作为投票和政治关系之基础的阶级关系已经发生了戏剧性的变化。女性大规模进入劳动力行列这一现象进一步动摇了以阶级为基础的政治支持模式。数量可观的少数派群体不再参加投票，而且基本上游离于政治过程之外。过去几年中发展最快的一个群体其实根本就不是政治生活中的一个组成部分，这就是"由非选民组成的无党派团体"[12]。最后，有充分的证据表明，人们的价值观已经发生了变化，这种变化一方面是代际更替的结果，另一方面则是回应其他变化的结果。

谈到人们价值观的变化，现有的证据表明存在着两种趋势：一种就是前面已经提到过的从"匮乏价值"（scarcity value）到"后物质主义价值"（post-materialist value）的转变；另一种则是价值分布状态的变化，这使得价值的分布已经不再取决于阶级界限或者左翼—右翼之分。尽管受到来自各个方面的批评，但英格哈特关于价值变迁的论述还是获得了大量经验证据的支持。[13]在掌握了许多工业国家的大量调查材料的基础上，英格哈特指出，随着社会的日趋繁荣，经济成就和经济增长的价值的确会逐渐消退。自我表现和对有意义的工作的渴望已经取代了对经济收入最大化的追求。这些关注点与一种对待权威的怀疑态度联系在一起，这种态度可能是非政治化的，但从总体上讲，它能够创造出比正统政治所能获致的更大程度的民主和参与。

在一些特定国家进行的社会调查证实了态度变化的事实，并确认了左一右之分尚不足以阐明这种变化。例如，约翰·布伦德尔（John Blundell）和布里安·格罗斯沙尔克（Brian Gosschalk）发现在英国存在的社会和政治态度可以分为四类，他们分别将之称为保守主义、自由放任论、社会主义和威权主义。对经济自由（自由市场）的信念与对个人自由的信念，用不同的标准会有不同的权衡。

"保守主义"的立场也就是新自由主义的立场：一个保守主义者会赞成市场自由，但希望国家对诸如家庭、毒品和堕胎这样的问题实施强力的控制。"自由放任论者"赞成个人主义并主张在所有方面都减少国家的干预。"社会主义者"与保守主义者针锋相对：它们希望国家更多地干预经济生活，但对市场缺乏信任，并且在道德问题上对政府持有戒心。"威权主义者"则希望国家插手所有的领域，既包括经济领域，也包括道德领域。其余不能归入这些类别的人的政治观点则更加模糊不清。

根据调查得来的数据，在英国有大约1/3的人属于上述定义中的保守主义者，将近20%的人属于自由放任论者，18%的人属于社会主义者，13%的人属于威权主义者，而15%的人则属于其余的阵营或者不属于任何阵营。1997年大选之前，除保守主义者以外的上述所有群体都把经过托尼·布莱尔重整后的工党奉为首选。在那些打算投保守党一票的人当中，84%的人来自保守主义者和自由放任论者这两个阵营。调查结果还表明，在不同年龄的人之间存在政治取向上的明显差异，这一点也验证了英格哈特的论点：在15—24岁的人口中，只有18%的人属于保守主义者，而在55岁以上的人口中，保守主义者的人数超过55%。在15—24岁的人口之中，72%的人同意这样一种说法："国家没有权利干涉任何类型的性行为，只要这种行为是在已达承诺年龄的成年人之间发生的"；而在55岁以上的人口之中，同意这一说法的人只有36%。⑭

在把这些结果与美国的研究作了对比之后，民意调查专家罗伯特·伍斯特（Robert Worcester）总结道：

> 再用"左派"和"右派"的标签……来概括今天的工党和保守党，掩盖了这样一个事实：在过去的20年中，对两个政党同时发生影响的那些事件已经使昨天的语义学在描述今天的两党情况时显得含混不清……如果我们比较一下今天的美国和工党统治下的英国的相关统计数字，就会发现二者之间存在显著的一致性，这一点确实有些令人吃惊，因为两个国家的意识形态在过去50年的大部分时间里都是大不一样的。⑮

如果我们把比较的范围扩展到各种各样的社会，就会发现政治吸引力和政治支持的模式已经发生了全面的变化。在几乎所有的西方国家中，选票都不再是按阶级界线来划分的了，左—右两极格局也已转变为一种更加复杂的图景。以往把选民划分到"社会主义"和"资本主义"阵营的那一条经济轴线已经不是那么明显，自由放任论与威权主义、"现代主义"与"传统主义"之间的对立则日趋尖锐。此外，某些更加偶然的因素（比如领导风格）现在也已经变得比过去更加重要。

在这样一种局面中，存在着各种政治支持的两难困境，但同时也存在着新的达成共识（consensus-building）的可能性。社会民主党派不再拥有一个可以为其提供稳定支持的"阶级集团"。由于它们无法依赖自己以前的阶级认同，它们不得不在社会和文化上更具多样性的环境中创造新的社会认同。⑯即使是在瑞典,这个曾经在投票上受阶级地位影响最明显的国家之一,可预期的来自特定阶级的票数也已经从 1967 年的 53% 下降到了 1985 年的 34%。舆论对选票的可预期的影响力在此期间则稳步上升。瑞典的年轻选民和女性选民是受阶级地位影响最小的群体。

社会民主主义的命运

这些变化并没有把社会民主主义者排斥到一个边缘的政治地位上。到 1998 年中期,社会民主党派或"中—左"(centre-left)联盟已经在英国、法国、意大利、奥地利、希腊、斯堪的纳维亚半岛的几个国家以及其他一些西欧国家执掌了政权,它们在东欧诸国的影响也日渐提高。

尽管在选举中获得了胜利,但社会民主党至今仍未创造出一种新的、前后一贯的政治观点。过去,社会民主主义总是与社会主义联系在一起。现在,在一个资本主义已经无可替代的西方世界,它的取向又应当是什么呢?战后的社会民主主义是在两极世界格局中形成的。社会民主主义者至少在某些观点上是与共产主义者一致的——尽管他们把自己确定为共产主义的对立面。既然共产主义在西方已经土崩瓦解,那么,继续固守左派立场还有什么意义呢?

20 世纪 80 年代末和 90 年代初,遍及全欧洲的政策讨论的确在很大程度上重新塑造了社会民主主义,但这一过程同时也产生了许多意识形态上的混乱。一位参与德国社会民主党《基本原则纲领》起草的人士以一种非常富有启发性的方式说道:

> 着手进行政策评论的决定是在这样一种情形之下做出的:我

们已经很难清晰地描绘出世界和社会的变化。社会民主党本身也发现自己正处在这种两难困境之中。它知道,在这个变迁的时代,重新定位是非常必要的,但各种变化本身却使得重新定位变得异常困难。科学没有为这个时代提供一种诊断,对于正在发生的事情以及将来的发展趋势,它也没有提供共同的理解。[17]

25 面对这种情景,我们怎样来描述"第三条道路"呢?这一语词似乎早在20世纪刚开始的时候就已经出现,而且在20世纪20年代就已经在右翼群体中流行。但是,使用这一词汇的最主要群体还是社会民主主义者和社会主义者。在战后时代的早期,各社会民主党非常明显地认为自己已经找到了一条既不同于美国的市场资本主义,又不同于苏联的共产主义的独特道路。当"社会党国际"于1951年重新创立时,它明确地表明了这个意义上的"第三条道路"立场。大约20年之后,正像捷克经济学家奥塔·西克(Ota Sik)和其他人的用法那样,这个词汇主要被用来表示市场社会主义。20世纪80年代末期,当瑞典社会民主党人开始经常性地提到"第三条道路"的时候,他们所指的是政治纲领上的一次重大更新,这可以算作这一术语的最近版本。

当"第三条道路"这一概念最近从比尔·克林顿和托尼·布莱尔的口中说出时,大多数欧洲大陆的社会民主党人士和美英两国的老左翼批评家都对此反应冷淡。批评家们把这种伪装的第三条道路看作一种回过炉的新自由主义。他们看到美国的经济极具活力,但同时也看到那里的不平等程度高居发达国家榜首。克林顿承诺要"在适当的时候终止福利",这似乎体现了某些新自由主义保守分子的态度。而布莱尔的批评者则指出,当布莱尔和新工党上台之后,他们仍然坚持着玛格丽特·撒切尔的政策。

在下文中，我的目的不是评价这些观察性结论是否允当，而是考察关于"社会民主之未来"的讨论已经发展到什么程度。在我的叙述中，"第三条道路"指的是一种思维框架或政策制定框架，它试图适应过去二三十年来这个天翻地覆的世界。它之所以是"第三条道路"，是因为它试图超越老派社会民主主义和新自由主义。

第二章　五种两难困境

在过去 10—15 年中，关于"社会民主之未来"的讨论已经展现出了问题和困难的纷繁多样性。这种多样性本身又表明了政策领域里的难题是多么明显。然而，除非我们对这些问题哪怕只是做出临时性的回答，否则便不可能为社会民主政策提出一套完整的方案。在这里，我将集中探讨五种根本性的两难困境，它们正集中在目前的各种争论之中。我将针对每一种困境提出自己的观点，但我不得不请求读者的原谅。由于它们都是非常大的问题，而这里的篇幅有限，我只能提供概括性的回答；而且，我也无法在此提供足够的证据来说服对某个特定问题抱有疑虑的人。

这五种两难困境是：

- 全球化——它的准确含义是什么？它到底包含哪些内容？
- 个人主义——现代社会在何种意义上变得越来越个人主义了（如果真的存在这种趋势的话）？
- 左翼和右翼——当我们宣称这种区分不再具有什么意义的时候，这意味着什么？
- 政治机构——政治是否已经偏离了正统的民主机制？
- 生态问题——怎样把对生态问题的考虑整合到社会民主政治之中？

第二章 五种两难困境

全球化

"全球化"这个并不讨人喜欢的字眼有一段非常有趣的历史。仅仅在十年以前，不论是学术著作还是通俗读物都很少使用这个术语。而现在，这一术语已经从无人使用变为无所不在；如果不提到它，任何政治演说都是不完整的，任何商业手册都是不受欢迎的。它的新近流行不论在学术圈还是在社会民主党派的文献中都引发了激烈的讨论。有人正确地指出：近年来，全球化已经成了大多数政治讨论和经济论辩的核心问题。①

关于全球化的许多方面都处于争论当中：对这一术语应当作何理解？它是否是一个全新的概念？它可能导致的结果是什么？这里产生了两种极其矛盾的、从某种程度上来说是与不同的政治立场相联系的观点。有人说，全球化多半只是一种神话，或者至多也就是一些长久以来的趋势的某种延续罢了。无需惊讶，这种姿态对于那些希望维护老派社会民主主义的各个方面的人当然具有吸引力。他们认为，全球化是新自由主义者的一项发明。一旦我们透过这层伪装来看问题，我们就能够一如既往地坚持过去的那些主张。与此相反，政策评论家和政策制定者们认为全球化过程不只确实存在，而且其程度已经相当高了。就像商业巨子大前研一（Kenichi Ohmae）所指出的那样，我们现在生活在一个无边界的世界之中，在这个世界上，民族国家已经成为某种"虚构"，政治家们在这里也已经丧失了一切有效的权力。②

按照一般的理解，全球化指的是经济全球化。而且，从其根源上看，它涉及跨越全世界的各种联系。保罗·赫斯特（Paul Hirst）和格雷厄姆·汤普森（Granham Thompson）在他们讨论这一话题的著作中是这样说的："有人宣称，真正的全球化经济已经产生，或者正处于产生的进程当中，其中，相互独立的民族经济和因之出现的对民族经济的国内战略管理正越来越没有意义。"③他们对这一观点提出了异议。他们认为，大多数贸易仍保持着区域性。例如，欧盟国家主要还是在彼此之间进行贸易。欧盟向世界其他地区的出口水平在过去的这30年中只增长了一点。相比之下，美国倒是变得更加开放了，它在这30年内的出口额增长了一倍，但这样的发展尚远远达不到建立起"全面全球化的经济"的程度。在不同的经济区域内部以及在它们相互之间所展开的贸易，不过是使我们回到了19世纪晚期。赫斯特和汤普森说道，在那个时代，正像今天一样，存在着自由贸易经济。

上面这后一种观点实际上非常容易受到质疑。即使当前的时期只是对19世纪的重现，那也同奉行凯恩斯主义的福利国家在战后时代的情形大有区别。民族经济之间在那时比在今天联系更为紧密。1950年，贸易商品的出口额只占经济合作与发展组织（Organization for Economic Cooperation and Development，简称OECD）各成员国国内生产总值的7%，而1911年已经达到了12%；在1970年又再次达到12%的水平，至1997年又上升到17%。此外，现在贸易商品（包括多种形式的服务）的范围，比起上一个世纪已经有了极大的扩展。参与到共同贸易协定中来的国家数量也大大增加了。

最重要的变化是日益在实时交易的基础之上进行运转的世界金融市场作用的扩大。货币兑换交易中的日周转额已逾万亿元。在过去的15年当中，与贸易有关的金融交易的比例已经上升了五倍。④"分离资金"（disconnected capital，由社会机构进行管理的资金）与其他形式的资金相比，从全世界范围来统计，自1970年起增长了

1100个百分点。以1996年7月计,单是那些本部设在美国的机构的投资者就掌握了11.1万亿美元的资产。私有化养老基金,或者为了替养老金计划募资而发行的债券,都是这一巨额资金中的基本组成部分。1995年,美国的各种养老基金、共同基金以及捐赠在机构资产净值中已达3310亿美元。⑤

因此,经济全球化是我们当前面临的现实,而且,它不止是过去年代的趋势的某种延续或者回复。在许多贸易仍保持着区域性的同时,在金融市场的层面上确实存在着一种"全面全球化的经济"。不过,如果只是将全球化的观念应用于字面意义上的"世界范围内"的联系,并且视其为仅仅是,或者主要是经济方面的过程,那么,对全球化这一观念就会产生误解。全球化,正如我在下面将阐明的那样,它的内容无论如何也不仅仅是,甚至不主要是关于经济上的相互依赖,而是关于我们生活中时空的巨变。发生在遥远地区的种种事件,无论其是否是经济方面的,都比过去任何时候更为直接、更为迅速地对我们产生着影响。反过来,我们作为个人所做出的种种决定,其后果又往往是全球性的。举例来说,我们个人的饮食习惯,对食品供应者来说是会产生直接后果的,而后者很可能居住在世界的另一端。

通信革命与信息技术的广泛传播同全球化进程有着深刻的联系。即使是在经济竞争的领域之内,情况也是如此。24小时运转的资金市场建立在人造卫星技术与计算机技术相互融合的基础之上,而这种技术融合也同时影响着社会的其他方面。一个瞬时电子通信的世界——即使是那些生活在最贫穷地区的人也能参与到这个世界之中——正在瓦解各地的地方习惯和日常生活模式。单是电视所产生的影响,就足以引人重视。

民族国家是否像大前研一所说的那样正在变成一种"虚构",政府是否已经过时了呢?虽然实际上并非如此,但是它们的形态却正在发生改变。在各个民族过去所拥有的某些权力(包括支撑凯恩斯主义经济管理的那些权力)已经被削弱的意义上讲,全球化"开始远离"民族国家。不过,全球化也在"向下渗透"——它创造了新的需求,也创造了重建地方认同的新的可能性。苏格兰民族主义近来在英国掀起的高潮不应当被看作一个孤立的事件。它是对其他地方正在进行的类似的构造过程(例如在魁北克或加泰罗尼亚所发生的事件)的某种回应。地方的民族主义并不一定是分离的。魁北克可能会选择从加拿大独立出来,就像苏格兰可能会从英国分离出来一样。它们也可以采取另一种选择,即按照加泰罗尼亚式的解决方案,在一个宽泛的国家联合体中保留某些"准自治区"。

在创建那些不时打破民族国家边界的、新的经济和文化区域的同时,全球化也从各个侧面渗入人们的观念之中。作为加泰罗尼亚和西班牙的一部分,巴塞罗那也被纳入了一个一直扩展至法国南部的经济区域之中。这种三向的全球化正在影响着全世界各个国家的地位和权力。如果过去主权一直是要么全有要么全无的东西的话,现在它已不再是如此。国家边界(尤其以欧盟的例子为甚)与过去相比,正在不断地变得模糊。但是,民族国家尚未消亡;并且从总体上来说,政府的活动范围与其说是随着全球化的不断推进而缩小,倒不如说是更为扩大了。在某些情况下,一些国家(例如苏联解体之后的东欧各国),拥有了比过去更多的权力,而不是更少。

在政府、经济以及文化事务方面,各个国家仍然保留(并且在可以预见的未来将继续保留)相当多的对其国内公民和在对外事务上所享有的权力。它们将经常性地行使这些权力,只不过行使的范围限于在它们彼此之间、它们同其自身所处的地区和区域之间,以及它们同各个跨国集团和组织之间的积极协作当中罢了。"政府"因此变得同原来"那种"政府(即中央政府)越来越不一样了,包含的范围也变得更加宽泛。"统理"(governance)愈益成为富有意义的概念,它意味着某些类型的行政能力或规治(regulation)能力。一些不是任何政府的组成部分(既非政府组织,也不是跨国组织的机构),实质上也参与了统理。

全球化经常被说成是近乎某种自然的力量,而实际上并非如此。国家、商业团体和其他组织积极地促进了全球化的进程。就像新近成为国际互联网络的研究项目在早期阶段那样,大量有助于建立卫星通信的研究是由政府资助进行的。政府通过发行债券来为它们国内的委托人进行筹资,从而为国际金融市场的扩张助了一臂之力。自由化和私有化政策促进了国际贸易和经济交往。各个公司越来越踊跃地参与到直接对外投资当中去。1997年,跨国公司联属企业的销售额比全世界商品和服务的出口总额还要高出20%。

总的来说,全球化是一系列复杂的进程,受到政治与经济两种影响的合力推动。全球化,特别是在发达国家中,在建立国际间新秩序和力量对比的同时,也在改变着人们的日常生活。它并不仅仅作为当前政策的背景:从整体上讲,全球化正在使我们所生活的社会组织发生巨变。它无疑与"新个人主义"——在有关社会民主的各种争论中,这一思潮可谓声势浩大——的兴起具有直接的关联。

个人主义

"团结"曾经在很长的时期里都是社会民主党派的主旨。马克思主义的原始遗产在集体主义与个人主义相比的主旨中产生了矛盾。马克思曾谈到，国家的消亡将伴随着一个完全成熟的社会主义社会的到来，在这个社会中，"每个人的自由发展是一切人的自由发展的条件"。而在实践当中，社会主义和共产主义都强调国家在团结与平等的过程中所发挥的作用。集体主义变成了社会民主主义区别于保守主义的最为显著的特点之一，后者在意识形态上更着重强调"个人"。集体主义也曾经长期作为欧洲大陆国家的基督教民主的意识形态的一部分。

自20世纪70年代末以来，上述很多情况都已逐渐发生了逆转。社会民主主义被迫对新自由主义发出的挑战做出回应，但更为重要的是在西方国家中正在发生的各种变化，这些变化为"撒切尔主义"提供了意识形态的支点。如果允许化简的话，那么我们可以说，古典社会民主主义在一些较小的国家中，或者在具有相似的民族文化的国家中，获得了极大的成功和充分的发展。但是，所有的西方国家在文化发展方面仍然呈现出多元化的特点，同时生活方式也不断地变得丰富多彩。从某种意义上讲，这是"福利社会"造成的现实影响所带来的结果。

由于社会民主主义者的新姿态更多地是建立在不情愿地放弃陈旧观念的基础之上的，而不是被积极激发出来的，那么，毫不奇怪，他们一直拒绝适应日益具有重要性的个人主义和生活方式的多元化。他们始终不能将自己的思想理清楚：新个人主义，与新自由主义的经济理论中因追求自己的利益而被束缚于各种关系之中的个人，到底在多大程度上是一致的。毕竟，"自主的个人"，正是社会主义在斗争中提出来的理念。

我们在这里面临几个基本的问题。新个人主义究竟是指什么？

它与市场的不断扩张的作用具有什么样的关系？我们是否正在眼睁睁地看着一个以"我"为中心的一代——它不可避免地导致了共同价值和公共关怀的瓦解和"自我优先"的社会的产生——的兴起？如果个人自由在社会民主主义者那里必然受到比过去更多的强调，关于自由与平等之间关系的这样一个老生常谈的问题又该如何得到解决？

左翼和右翼都在担忧"以我为中心"社会和它在社会团结方面所带来的毁灭性后果，但是，他们为这一后果找到了不同的原因。社会民主主义者把它归因于市场力量和"撒切尔主义"的意识形态所产生的冲击，市场力量重点强调个人应当自力更生，而不是去依赖国家。新自由主义者和其他一些保守主义者，却回溯到20世纪60年代，认为那时的自由放任是道德沦丧过程的开端。

上述两种假设都经不起细查。来自不同国家的研究结果表明，需要重塑整个争论。用"以'我'为中心的一代"来描述新自由主义是具有误导性的，后者并未引发道德沦丧的过程。而与之正好相反的是，调查显示，当今年轻一代，比起过去几代人，对更多的事务具有道德敏感性。⑥ 但是，他们并不将这些价值与传统相联系，也不认同那些对生活方式进行立法的传统形式的权威。在这类道德价值中，某些在英格哈特所理解的意义上是后物质主义的，例如它们关注生态方面的各种价值、人权或者性自由。

就像社会学家乌尔里希·贝克所评论的那样，新个人主义：

> 并不是"撒切尔主义"，也不是市场个人主义或原子论。恰恰相反，它意味着"制度化的个人主义"。例如，福利国家中的许多权利和对权利的授予都是为个人，而不是为家庭设置的。

在很多情况下，它们预示着就业。而就业相应地意味着教育，而这两种事物又预示着社会流动。具备了所有的这些必要条件之后，人就被要求将自己建构成个人，即作为个人来规划、理解和设计自身。⑦

简言之，新个人主义与传统和习惯从我们生活中消退有关。它是一种与全球化所产生的、范围非常广泛的冲击相关联的现象，而并非仅仅是市场造成的。福利国家一直在发挥着它的作用：在集体主义的庇护下建立起来的各种福利制度，有助于将个人从过去的某些僵化制度中解放出来。与其将我们所处的时代看作道德沦丧的年代，不如将它看作一个道德变迁的年代更有意义。如果制度化的个人主义与利己主义并不是一回事的话，那么前者对社会团结所造成的威胁会小得多。但是，它也确实意味着我们必须寻求创造团结的新手段。国家的严格管理和诉诸传统是不能保障社会凝聚力的。我们必须采取比过去几代人更为积极的方式来塑造自己的生活；而且，我们还要更加积极地认同我们应当为自己行为所导致的后果而承担责任，认可我们所采纳的生活方式和习惯。责任，或者相互义务的主旨，存在于老派社会民主之中，只不过在很大程度上是潜在的，因为它被淹没在集体性规定的概念当中。今天，我们必须找到个人责任与集体责任之间新的平衡。

许多左翼批评家都对新自由主义持有保留态度。自我实现，或者说可能性的实现，难道不就是各种形式的"心理疗法"，或者说是富人的自我放任吗？显而易见，事实确实可能如此。但是，如果只看到了事情的这一面，那么就会忽略人们在观念和期望上所发生的巨大变化。新自由主义者们万众一心，为着实现更进一步的民主化而不断努力。这一变化绝不仅仅是有益的：新的忧虑和不安正在开始呈现，但许多更加积极的可能性同样出现了。

左和右

从最初时期（即 18 世纪晚期）以来，左和右之间的划分一直都很模糊、很令人困惑，一直都需要廓清。但是，这种划分始终顽固地存在着，从来都没有消失。法国一位研究法西斯主义的历史学家泽埃夫·施特恩赫尔（Zeev Sternhell），在其关于一些团体和政党——它们都将自己描述成"非左非右"——的历史研究中，指出围绕这种划分的性质所进行的论辩一直是存在的。[8] 左和右的含义同样随着时间的推移而有所变化。只要对政治思想的发展进行一番浏览，就可以发现同样的观点在某些时期某些背景下被看成是左翼，而在另一些时期另一些背景下又被看成是右翼。例如，自由市场哲学的倡导者们在 19 世纪被视为左翼，而在今天一般将其归入右翼。19 世纪 90 年代，工团主义者和主张社会团结的人宣称左与右之间的区别已经消亡。这些年来，每隔一段时间，这种说法就被重复一遍。虽然让-保罗·萨特（Jean-Paul Sartre）在 20 世纪 60 年代曾经对这些理论提出过争议，但是，就像那些具有右翼背景的人经常所做的那样，这一主题始终不断地被展示。1930 年，历史学家阿兰（Chartier Alain，即埃米尔·夏蒂埃［Emile Chartier］）评述道："每当有人问我，左与右之间的划分是否仍具有任何意义，我心中最先产生的想法便是提出这一问题的人本身并不属于左翼。"[9]

意大利政治思想家诺尔贝托·博比奥（Norberto Bobbio）于 1994 年出版了一部以晚近的左翼与右翼为主题、富有争议的著作。[10] 这部著作一出版在意大利就成了畅销书,第一年的销售量就超过了20万册。面对大量宣称左和右的划分已经过时的著作(这些著作这次主要是来自那些具有左翼背景,而非右翼背景的人),他试图为这种划分的有效性进行辩护。博比奥的论辩值得一听。他说,左和右的分类一直在对政治思想施加着影响,因为政治必然是充满对立的。政治的实质就是针对相反主张和政策的斗争。左翼和右翼来自一个机体的两个侧面。虽然关于什么是"左"或什么是"右"可能发生变化,但在同一时间内,不存在既左又右的观点。这种区分是两极化的。

博比奥说道,当政党或政治意识形态多多少少呈现出均势平衡,就几乎不再会有人对左右划分的意义存有疑问。但是,一旦这两者中的任何一方变得强大起来,以至于它看起来似乎成了"唯一的选择"(the only game in town),则两边便都会趋向于对这种划分的意义产生怀疑。更为强大的那一方,会如同玛格丽特·撒切尔所声称的那样,做出"别无其他选择"的声明。随着它所代表的潮流逐渐地变得不受欢迎,势力渐衰的一方通常会试图接受反对派的某些观点,并且将其作为自己的主张进行宣传。失势一方的经典战略就是"综合对立的立场,通过吸收对手的观点并将其中性化,从而达到尽可能保留自己立场的目的"。[11] 每一方都显示出自己正在突破已趋陈旧的左与右之间的划分,或是将这一区分的各个因素重新整合,以建立起一种新的重要取向。

右翼政治派别已经装扮一新。例如在"二战"结束以后的时期内,随着法西斯主义的覆灭,就呈现出这样的趋势。为了存留下来,右翼政党被迫吸取了左翼的某些主张,并且接受了福利国家的基本构架。自20世纪80年代初以来,由于新自由主义意识形态取得优势地位,情况又发生了逆转。关于托尼·布莱尔接受了撒切

第二章 五种两难困境

尔主义的大部分观点,并将它们重新改造为某种新思维的说法,从上述立场来看,确实易于被人们理解。而这一次,从关于旧的分类不再具有任何意义的论争中受益良多的却是左翼。依照博比奥的说法,就像过去一样,左和右之间的划分将得到自我重申。因此,如果假设社会民主主义正在复兴,而新右派正在迅速地变得不那么新的话,社会民主主义者就可能很快会不再对是否放弃左和右的划分感到犹豫。

在博比奥看来,左和右之间的区别不纯粹是一个正反两极的问题。一个主要的标准在将左与右进行区分的过程中不断地重现,这就是:对待平等的态度。左翼倾向于获取更多的平等,右翼则认为社会必然是阶层化的。"平等"是一个相对的概念。对于它,我们必须要提出这样一些问题:这种平等是在什么人之间?是在什么问题上的平等?是在何种程度上的平等?左翼寻求减少不平等,但这一目标可以用不同的方式来加以理解。下述这样的一种假想是不切实际的:左派希望消除一切不平等现象,右派却想要永远保留它们。两者之间的区别是与语境相关的。例如,在一个近来有大量移民涌入的国家中,左和右之间的矛盾就可能表现在对下述问题的态度差别上:是否应当给予这些移民基本公民权利和实质性的保护。

在坚持主张左和右的划分将持续下去的同时,博比奥通过承认这种区分现在未具备其过去具有的支点,而结束了对他的著作批评者们的"回应":

> 不可否认,当前在左翼中方向的丧失,实际上是这样一种情况:那些在左翼的传统运动中从来不曾提出过的问题已经在现代世界中显露出来;并且,他们为了改造社会而提出来的某些

设想(他们曾为这些设想和各种设计付出了巨大努力)一直未能实现……任何一位左翼人士都不能否认,今日的左翼已经不再是它过去那样了。⑫

在左和右的区分不会消失,而且将不平等视为这种区分的核心所在这一点上,博比奥无疑是正确的。虽然关于平等或者社会正义的观念可以用不同的方式进行解释,但这一观念对于左翼来说仍然是最为基本的。它受到了右翼分子坚持不懈的攻击。不过,对博比奥的阐述还需要进行某种提炼。那些持左翼观点的人不只是要追求社会正义,他们还认为政府必须在促进这一目标的实现中发挥关键作用。但与其这样理解社会正义,倒不如说"站在左翼就是坚信解放政治"来得更为准确。平等之所以具有压倒一切的重要性,是因为它关系到人们的生活机会,即幸福与自尊。正像牛津大学的哲学家约瑟夫·拉兹(Joseph Raz)所指出的那样:

> 使我们关心形形色色的不平等现象的……是饥饿者的匮乏、贫困者的需要……他们在这些方面比他们的邻居过得更不好的事实,是很重要的。但是,这一事实不只是作为不平等的罪恶而显得重要。它的重要性还体现在这些人的饥饿状况更为严重、他们的需要更为紧迫、他们的苦难造成了更大的伤痛之上,因此,我们对于平等的关注就是让我们优先考虑他们。⑬

还有一些其他关心平等问题的理由。一个极度不平等的社会,由于未能使其公民最充分地发挥天赋和能力而损害了社会自身。此外,不平等还能威胁到社会凝聚力,并能够造成其他的一些社会所不愿看到的后果（例如刺激了高犯罪率）。过去确实存在过一些虽然包含着大量不平等，但依然保持着稳定的社会——例如，传统的印度种姓社会。而在一个充分民主的时代，情况大为迥异。一个制造出大范围不平等的民主社会，很可能会促生普遍的不满与冲突。

全球化改变了左和右的形态。在工业国家中，已经没有极左派可言，但是存在着极右派，它自我定位为对全球化的回应——这种对全球化的共同回应联合了右翼的政治家们，如美国的帕特·布坎南（Pat Buchanan）、法国的让-玛丽·勒庞（Jean-Marie Le Pen）以及澳大利亚的保利娜·汉森（Pauline Hanson）。对于那些更广义的右翼人士（如美国那些将联合国和联邦政府均看成是破坏其国家完整之阴谋的"爱国者"）来说，情况甚至也是如此。极右派的主旨是经济和文化保护主义。例如，布坎南就声称"美国优先"！他为民族分离主义和强硬的限制移民政策辩护，认为用它们替代"全球一体论"才是适当的选择。

左和右之间的划分得到了保留，但对于社会民主主义而言，一个关键的问题是：这种划分是否同过去一样涵盖了同样广阔的政治领域？我们是否如博比奥所言，仅仅处于左与右完成其自我重建之前的过渡时期？或者，是否左与右的含义已经发生了根本的变化？

这样的变化确实存在着，我们很难否认这一点。发生这种变化的原因，在过去几年里社会民主主义者的论争当中已经得到了充分的揭示。无论是否受到了马克思主义的直接影响，大多数左翼思想家与激进分子都曾以一种进步的眼光来看待历史。他们不仅将自己与"向社会主义进军"的里程紧密联结起来，而且也将自己与科学技术的进步紧密联结起来。保守派则相反，对宏大的计划向来持怀疑态度，并对社会发展抱着实用主义的态度，他们始终强调的是连续性。这种对立在今天已经变得不那么尖锐了。左和右都逐渐地接受了科学与技术所具有的"双刃"性质：它们不仅为人们带来了极大的利益，而且制造了新的危险和动荡。

随着计划经济管理理论的衰亡，左和右之间的主要分界线之一已经消失——或者至少，在可以预见的未来将会消失。马克思主义左派曾期望推翻资本主义，并以一种不同的制度取而代之。许多社会民主主义者也曾认为，资本主义能够也应当不断地被修正，这样它就会失去（在定义上）许多原有的特征。其余的问题或争论所关注的，是应当在何种程度上，以及以什么方式来对资本主义进行管理和规治。这些争论无疑是重要的，但是它们与过去不一样，不是在更为基本问题上的分歧。

随着这些情况的改变，大量的其他问题和可能性也渐渐显露出来，而它们并不属于左右划分的范畴。这既包括生态问题，也包括与家庭和工作的特征变化、个人认同以及文化认同有关的问题。当然，社会正义和社会解放的价值与所有这些问题都具有相关性，但是这些问题中的每一个都与这些价值交互关联。我们还必须在传统左派的"解放政治"中，添加上我曾在别处所称的"生活政治"。[14] 当然，这也许是，也许不是一个好的术语。我想用它表达的意思是，相对于解放政治关注的是生活机会（life chance）而言，"生活政治"关注的是生活决定（life decision）。这是一种如何选择身份及相互关系的政治。我们对于全球变暖的假说到底应当作何反应？我们是否应当赞成使用原子能？工作到底应当在何种程度上保留核心的生活价值？欧盟的未来应当是什么样的？在所有的这些问题中，没有一个是明确的左或右的问题。

上述这些都说明，社会民主党应当以一种全新的眼光来看待政治中间派。各个社会民主党派在很大程度上出于机会主义的原因，已经逐渐地向这一中间派靠近。当然，这一政治中间派在按左—右分界的背景下只能意味着妥协，即对两种更为明确的选择的"折中"。但如果左—右不再像过去那样概括一切，那么这一结论也将不再成立。近来在社会民主主义者中受到极为广泛讨论的"活跃的中间派"或者"激进的中间派"的概念，应当被严肃地对待。

这意味着"中—左"并不一定与"温和的左派"是一回事。几乎所有的前面所提到的生活政治问题，都需要在不同的政府层面上采取激进的解决方案，或者提出激进的政策。所有的这些问题都存在着潜在的分裂性，但是对于解决它们所需的条件和联合，却并不必然地要从立足于经济利益划分的那些人中产生。经济学家 J. K. 加尔布雷思（J. K. Galbraith）在其《满足的文化》（*Culture of Contentment*）一书中曾经提到，在当前的社会中，富人对下层社会人民的命运漠不关心。[15] 不过对于欧洲国家的研究表明，在许多方面，事实却恰恰相反。自下而上的联合是能够建立起来的，而且能够为激进政策奠定基础。例如，对生态问题的解决无疑往往需要某种激进的观点，但是，这样的激进主义大体上能够博得广泛的一致同意。从对全球化的反应到家庭政策，情况都是如此。

因此，"中—左"这一术语并不仅仅是一个标签。革新后的社会民主党必须比中间派的立场更左，因为社会正义和解放政治仍处在它的核心。但是"中间"不应被视为缺乏自己的主旨。相反，我们所谈论的是社会民主主义者可以用多元化生活方式的各条脉络编织而成的一些联合。对于传统的及新颖的政治问题，都需要以这种方式来进行思考。例如，一个经过改革的福利国家必须符合社会正义的标准，但它也必须认同和创造积极的生活选择，并与生态战略结为一体,以及对新的风险情形做出反应。

"激进主义"过去一向被认为是根植于左—右对立并且是以左反左的,因为那些自称是革命者和马克思主义者的人认为自己与那些仅仅被视为"改良主义者"的人相距甚远。左与激进,如果曾经几乎是同义词的话,那么现在已经不再如此了。许多社会民主党人发觉这种处境令他们很不自在。但是,这也带来了一个很大的好处,因为它允许突破那些一度筑得更高的政治樊篱而进行交流。让我们再来考虑福利改革的例子。关于福利国家之未来的设想,在社会民主主义者与新自由主义者之间差异迥然,并且,这些差异集中围绕在左和右的分界线上。大多数社会民主主义者希望保持高额的福利支出,新自由主义者们却主张建立一个更小的福利安全网。但是,所有福利改革者也都面临着一些公共问题。例如,人口日趋老龄化问题并非仅仅调整养老金水平就能解决。它需要更加彻底地反思这种老龄化的性质变化、健康与疾病的形式变化以及其他更多的问题。

政治的行动主体

在就政治革新做出的所有尝试中,关于行动主体(agency)的问题自然呈现了出来。如果可以建立一项一致的政治纲领,又如何来贯彻它呢?社会民主党派最早在19世纪末20世纪初作为社会运动而兴起。今天,它们除了遇到意识形态危机,还发现新的社会运动已经从侧翼包围着自己,自己也像其他党派一样陷入了一种政治不断贬值、政府权力明显耗损的处境之中。新自由主义者坚持不懈地批评政府在社会生活与经济生活中的角色,这种批评看起来似乎与现实世界中的各种趋势相一致。现在已经到了社会民主主义者对这

第二章 五种两难困境

些实际上站不住脚的观点发起反击的时候了。

"政治终结"的主题和全球化市场所导致的"国家隐没",在近期的种种文献中显得如此突出,以至于值得我们重申政府在当代世界中所能够取得的成就。

政府存在的目的是:

- 为各种不同利益的体现提供途径;
- 提供一个对这些利益的竞争性要求进行协调的场所;
- 创设和保护一个开放的公共领域,在这一领域中,关于政策问题的论争能够不受限制地持续开展下去;
- 提供包括集体安全和福利的各种形式在内的、多种多样的公共产品;
- 为公共利益而对市场进行规治,并在存在垄断威胁的情况下培育市场竞争;
- 控制和使用暴力手段与警察机构,来促进社会安定;
- 在教育制度中发挥核心作用,来推动人力资本的积极发展;
- 维持有效的法律制度;
- 作为主要的用人方,在干预宏观和微观经济以及提供基础设施中发挥直接的经济作用;
- 比较富有争议的是,政府具有教化的目的——政府虽然体现着那些得到普遍支持的规范与价值,但是它也可以在教育制度和其他方面对这些规范与价值的塑造起到帮助作用;
- 培育区域性和国际间的联合,并寻求实现全球性目标。

当然,上述各项都可以以颇为不同的方式去进行解释,在它们当中也总是存在着那些与非国家行动主体相重叠的领域。而上述这份清单是如此地令人难以驳诘，再谈什么国家和政府正日益变得无关紧要已不具有任何意义。

在任何这些领域中，市场都不能取代政府，社会运动或者其他各种类型的非政府组织（non-governmental organization，简称 NGO）也不能做到这一点，不论它们变得如何重要。20 世纪 80 年代或者 90 年代初英国的社会运动和所谓的"挑战者政党"（Challenger Party），从来不曾像它们在许多欧洲大陆国家那样发挥过如此重要的作用。但是，全球化所带来的各种变化到处都在削弱着、威胁着各种正统的政治党派。社会民主党派在 20 世纪 80 年代发现它们自己缺少一个有效的意识形态架构；当社会运动和其他集团将那些落在传统的社会民主政治之外的问题（如生态、动物保护、性、消费者权益，以及许多其他的问题）推到前台的时候，它们缺少一个能够用来进行回应的意识形态架构。

国家政府和政治党派影响力的削弱，在某些人看来是非政治化进程的趋势，而对于其他人来说却是政治参与的扩大和激进主义的散播时机。乌尔里希·贝克谈到了"亚政治"（sub-politics）的出现：从议会向社会中单一问题团体（single-issue group）的转移。⑯许多这样的团体，如绿色和平组织或环保生态组织，都在全球范围内开展着活动。对于贝克和许多其他人来说，最为关键的一个事件就是 1995 年的布兰特史帕尔（Brent Spar）事件。壳牌石油公司（Shell oil Company）当时计划通过将布兰特史帕尔石油钻井平台沉入海底的办法来对其进行销毁。环境保护组织对此开展了声势浩大的抗议活动，许多国家的消费者们也停止购买壳牌汽油。壳牌石油公司自那以后在态度上的转变，影响是极为深远的。

壳牌石油公司于 1998 年公布了一份内容翔实的报告，这份报告说明了它对于企业责任所持的新态度。该报告谈到了要参与这一"全球性争论",目的是"为了向他人学习"并"解释我们的行为"。它承认有责任"保证以世界上的其他地区在伦理上可以接受的方式而开展我们的商业活动",并说"我们必须表明,我们这样做是保证能够通过独立验证的"。壳牌石油公司还宣称,自己是第一个公开支持联合国《人权宣言》的重要能源公司。一个旨在对壳牌公司的商业政策和行动进行审查的"社会责任委员会"也于1997年成立。[17]

壳牌石油公司的全球总裁科尔·赫克斯特罗特(Cor Herkstroter)所作的一番讲话揭示了真相。当他谈到环境保护和消费者权益保护组织时说:"在理解这些组织想要获得权威方面,我们的反应有些迟钝。我们低估了这些变化的程度,未能参与到与这些新兴组织的严肃对话当中去。"他还补充说:"简单地说,伴随着技术重新定义个人与机构之间的关系,全球的机构都在经历着组织重建。"

就这样,所有这些新的运动、社会集团、非政府组织,都能够在世界舞台上小试身手。甚至全球性的大企业也必须注意它们的活动。贝克将"政府机构的凝固"与"行为主体(组织、机构、个人)在社会的各种可能层面上的流动"、"政治的逐渐隐没"与"亚政治的日趋活跃"进行比较。他说道,公民主动成立的各种组织已经撇开政治家们而单方面地取得了权力。正是他们而不是政治家,把生态保护问题和其他的许多新的关注点提上了日程。在"没有复印机或电话"的情况下,公民群体"能够通过在广场上举行集会的方式来迫使统治集团退却或瓦解"。[18]

文化评论家汉斯·马格努斯·恩岑斯贝格尔(Hans Magnus Enzensberger)在书中是这样来描写德国(也含蓄地描写了其他一些国家)的情况的:

政治家们由于越来越不受人们关注而感受到了侮辱……（但是）自很长一段时间以来，从政治阶层中一直未产生关于未来的创新和决策……（德国）联邦政府是相对稳定和相对成功的，尽管并非因为事实上它受到那些从竞选海报上向我们露齿而笑的人们的统治……德国可以容忍一个并不胜任的政府，毕竟，在每日新闻中使我们感到厌烦的那些人，归根结底是无关紧要的。[19]

这一类评论，与有关研究发现的、人们对政治家们和正统的政治行动主体缺乏信任是一致的，在大多数工业国内，情况都很相似。在美国，当人们在1964年所进行的一次民意测验中被问到——"你有多少时候相信联邦政府所做的事情是正确的"时，76%的人回答说"始终信任"，或者"大部分时间是信任的"。而在1994年再次进行的民意测验却表明，这一比例已经骤然降至25%。在那些明确表示继续信任政府的人中，有61%在过去的总统大选中参与了投票，而在持不太信任态度的人中仅有35%参与了过去的大选投票。年轻人对于议会政治，比年长的几代人持更为保留的态度，虽然年轻一代对"亚政治"各种问题的兴趣比他们的长辈更加浓厚。出生于1910至1940年之间的"公民意识高涨的漫长一代"（long civic generation）最有可能信任政治家和参加投票选举。[20]十一个西欧国家在1981年和1990年所进行的内容相同的一项民意测验表明：人们对于政府机构的信赖度在六个国家中已经下降，在四个国家中保持稳定但相当低，只在一个国家（丹麦）有所上升。比起从前，人民并非仅仅减少了对政治家的信任，他们对于其他权威人物（例如警察、律师或者医生）的态度也是如此。[21]

"挑战者政党"一直在寻求通过直接对正统的政党展开攻击的

第二章 五种两难困境

方式来激发民众的这类情绪。绿党和极右的民粹主义政党已经在大多数工业国家中提出了分享权力的挑战。这两类政党与广泛的社会运动相联结,并且都立场鲜明地反对既有的政党和政府系统。就以1998年为例,绿党在十一个欧洲国家的国会中都拥有了席位。大部分在20世纪80年代才建立起来的各右翼民粹主义政党,则更加具有多样化色彩,在某些国家中他们的支持率已经达到了20%。例如,奥地利的"争取自由党"(Freiheitliche Partei),但这种情况在其他国家(例如英国、西班牙、荷兰或挪威)却并没有出现。

没有任何迹象表明,这些政党今后将获得比它们目前所得到的还要多的选票,虽然这有时会将它们置于权力掮客的地位上。就像社会运动和激进主义团体一样,它们的重要性主要是象征意义上的:它们把各种问题推进政治议程,并且为它们周围所发生的斗争提供具体形式。如果极右的政党和运动真的超出了少数派的关注之外,那么它们必然会变得十分危险。另一方面,绿党引发了绝不能被忽略的、对社会民主的一些基本方向提出疑问的意识形态问题。即使有了历时10年的关于"生态现代化"的讨论,也不能说社会民主主义者就有足够的能力来吸取生态方面的思想。"即使是从对立的那一方来看,许多国家中既有的左派直到20世纪90年代末仍未能令人信服地证明,他们对于各种新问题已经转变了立场。"㉒ 这一困难部分是由于,与之相关的知识问题和政策问题是非常棘手的;再加上大多数社会民主党派实际上是分裂的。这就如置身于一座尚未竣工的建筑里一样,在那里,老左派观念仍然突出,而成熟的替代选择一直未能形成。

"亚政治"到底将在何种程度上取代政治与政府更为传统的领域呢?贝克正确地提出,对于政党和议会政治的兴趣的降低与非政治化并不是一回事。社会运动、单一问题团体、非政府组织以及其他公民联合组织必定将在一个连续的基础之上,从地方政治直到世界政治中扮演重要角色。政府必须做好向它们学习、对它们提出的问题做出反应,以及与它们进行谈判的准备,公司与其他商业机构也将会照此行动。

但是,关于这类组织能够在政府失灵的情况下接替后者,或者能够替代政党的想法,只不过是一种幻想罢了。虽然民族国家和中央政府可能正在改变它们自己的形式,但两者在当今的世界中均有着确凿无疑的重要性。"在每日新闻中使我们感到厌烦的那些人"的确重要,并且在不确定的未来这种情况将仍然如此。政府的主要职能之一,正是要在实践中和法律上对不同的特定利益集团所提出的相互分歧的利益要求进行协调。但是,对于这里所提到的"政府",应当在一种更为普遍的意义上进行理解,而不是仅仅将其理解为中央政府。社会民主主义者必须考虑,怎样对政府进行最佳的重构才有可能使其适应时代的需要。

生态问题

生态政治的重要性远远超出了绿色社会运动产生的任何影响,或者绿党所可能获得的选票份额。在具体政治中,尤其是在德国,生态保护组织的影响已经非常引人注目,因此,"亚政治"的概念从那里起源是不足为奇的。安德烈·马克威茨(Andrei Markovits)与菲利普·戈尔斯基(Philip Gorski)在他们合著的《德国的左派》(*The German Left*)中评论道:"贯穿整个20世纪80年代,绿党已经进入了德国左派的社会化代表之中,给人们的感觉是:实际上后者的各种新思维、政治改革、战略陈述、生活方式……全都是从绿党及其周围发端而来的。"㉓威利·布兰特（Willy Brandt）大法官过去喜欢将绿党说成是"德国社会民主党失散的孩子"，而事实上，社会民主主义者通过被迫面对生态保护运动而获得了新的活力。这些后果是实实在在的。在环境监测方面，例如能源效率（生产一单位国民收入所需要的能源的总量），或者诸如二氧化碳或二氧化硫等污染物的人均散发量，德国是世界上遥遥领先的国家之一。

各种环境保护运动当然不是完全协调一致的，生态保护领域内也充满了争论。潜在的全球性灾难的前兆最早于20世纪60年代显露出来，并且迅速发展成为成熟的预测。据称，地球资源正在以一种令人震惊的速度被消耗，而污染却正在破坏自然所赖以持续存在下去的生态平衡。这些可怕的警告促使批评家们做出了态度强硬的反应，他们争辩道：无限期的经济增长是可能的。他们主要是在新自由主义经济理论的基础上提出这一论断的。市场规则将保证经济的无限增长。就像其他商品一样，如果任何自然资源逐渐变得稀缺，那么它的价格就会上升，它的消费量因此就会下降。如果商品的价格趋于下降，这就意味着供大于求。经济学家朱利安·西蒙（Julian Simon）曾于1980年与环境保护学家保罗·埃利希（Paul Ehrlich）打了一个著名的赌。西蒙打赌说，无论埃利希举出任何类别的自然资源，它们的价格都将会在未来的某个特定时刻下降。埃利希选择1990年为基准年，并选择了铜、铬、镍、锡以及钨。到1990年为止，这些金属的价格都已经比它们在10年前的价格降低了，降价率从24%到78%不等。最后埃利希不情愿地付了钱。

就目前受到关注的污染问题而言，西蒙及其他一些沿着相似思路进行论争的人倾向于否认存在任何引发担忧的因素。例如，全球变暖要么不会发生,要么是一种并非由人类活动所带来的自然现象。自然所拥有的自我复原的能力远远超出人类对环境可能施加的任何影响——例如,自然总是在创造新的物种,并且也总是在消灭它们。㉔

上述的观点是否站得住脚呢?我认为是站不住的。对于各种各样的生态问题,用市场办法解决是可能的,但是正像在别的问题上一样,这不意味着应选择市场原教旨主义。对各种环境危机抱乐观态度,这本身就是一种极其危险的战略。正如大多数社会民主党派所正确认识到的那样,承认这一事实就意味着与可持续发展及生态现代化的观念产生联系。

自从可持续发展于1987年被纳入《布伦特兰报告》(Brundtland Commission Report)以来,它逐渐成为环境保护组织压倒一切的关注点,而大多数党派的政治家们对这一问题则只是空话连篇。《布伦特兰报告》中只对可持续发展给出了一个具有迷惑性的简单定义,即当前的一代"保证它在不损及下一代满足其自身需要的能力的前提下来满足现时需要"的能力。㉕由于我们并不知道未来几代人的需要将会是什么,或者资源的利用将会怎样地受到技术变革的影响,可持续发展的概念不可能是准确的——迄今我们可以数得出来的关于它的不同定义就多达四十个,便不足为奇了。

因此,可持续发展更多地是一项指导性原则,而不是一则准确的公式化表述。然而,它仍然被写入了"第21号行动计划"(Agenda 21),这是由联合国所主持的一项具体行动,作为布伦特兰一系列措施的后续。几个国家已经致力于将可持续发展融入它们的经济思想之中。令人惊讶的是,英国的保守党政府在1988年宣称英国的经济政策符合可持续发展的各项原则。由此也可见,这一概念具有多么大的伸缩性。

第二章 五种两难困境

英国在20世纪80年代末和90年代初的态度与某些欧洲大陆国家形成鲜明对比，如荷兰在1989年曾经启动一项将生态标准与一切政府部门的日常工作结合起来的全国性计划。每个政府部门都具有环境质量方面的一些指标，以及限期达到这些指标的一份固定时间表。可持续发展被定义为：从一开始设计就要避免或者限制污染。为了有利于这样的生产方式，应避免应用"极端"的技术。公民组织和工业界代表参与了为拟订各项指标作准备的各次会议。虽然这项计划遇到了一些通常的挫折和困难的干扰，但还是起到了作用，使荷兰成为具有世界上最好的环境纪录之一的国家。

可持续发展的概念非常适合生态现代化这一更为宽泛的概念。马尔滕·哈耶尔（Maarten Hajer）是关于可持续发展的最重要的思想家之一，他认为，生态现代化将几个"可信而引人入胜的故事线"串接到了一起：可持续发展替代"确定性的增长"；侧重点在于预防而不是补救；将污染等同于无效率；将环境规治与经济增长视为互有裨益。[26]一方面，政府干预对于促进建立完善的环境保护规范是有必要的，另一方面，它也需要工业界的积极合作，一旦工业界认识到生态现代化有益于商业发展，它的自愿合作就是有希望的。"生态现代化意味着这样的一种合作关系：处于这种合作关系中的政府、工商企业、温和派环境保护主义者以及科学家们，在沿着更具有环境保护说服力的思路对资本主义政治经济进行重建的过程中相互进行协作。"[27]

这是否已经美妙得令人难以置信了？但这确实是可能实现的。毫无疑问，生态现代化将社会民主与生态方面的问题比过去所能设想到的还要更加紧密地联系了起来。它拥有属于自己的现实成就：受到生态现代化理念很大影响的那些国家，是最清洁和绿化程度最高的工业国。但是，在宣称要让世界变得最好的同时，生态现代化回避了生态问题对社会民主思想所提出的某些重大挑战。那种关于环境保护与经济发展互相能够很好地适应的假设确实不太令人信服，因为它们中的一方有时必然要同另一方发生冲突。此外，生态现代化大体上是一个国家政策的问题，各种环境危害却大多跨越了国家的边界，有的还是全球范围内的问题。

各种关于生态现代化的美妙假设，转移了对生态考虑所引发的两个基本问题——我们与科学进步的关系，以及我们对于危机的反应——的注意力。在一定程度上，作为全球化的后果之一，科学与技术变革日益加速，对于我们的生活所产生的影响也逐渐变得更加直接、意义更加深远。我们可能曾认为"环境"即为自然世界，但是它现在当然已经不再只是这样了。许多过去属于自然界的事物，现在既可能是人类活动的产物，也可能受到人类活动的影响。这不仅指包括地球气候在内的外部世界，而且指人体的"内部环境"。不论好坏，科学与技术已经侵入到人体之中，并且已经重新划定了那些通过人工制作才能获得的东西与那些完全需要从自然中"获得"的物质之间的界线。

过去，科学与技术一直被看作政治之外的事情，但是这种观点也已经变得过时了。我们所有人都生活在这样一个环境之中，在这里，我们与科学及工业革新的关系比起过去来更加"值得怀疑"了。"新建的高速公路、垃圾焚化装置、化学工厂、核能或者生物技术工厂，以及各种研究机构，遭遇到直接受其影响的民间组织的抵制。越来越可以预知的，正是这种情况，而不是（就像在工业化早期一样）对这一进程所表示的欣喜。"㉘在这样的背景之下，决策是不能留给那些"专家"去做的，而必须使政治家和公民们也参与进来。

第二章 五种两难困境

简言之，科学与技术不能被置于民主进程之外。不能机械地信任专家，认为他们知道什么对我们有利，他们也不可能总是向我们提供明确的真理；应当要求他们直面公众的审查来证实他们的结论和政策建言。

许多人将英国的疯牛病危机看成是个一次性的问题，即仅仅是一个英国的问题；或者，在某些左派人士的眼中，是撒切尔支持者的规治的失败。实际上它两者都不是，或者说它不止是这两者。疯牛病事件更应当被理解为是在"自然不再是自然"情况下所发生的一个典型风险情形。新的风险情形的特征，在于专家们相互之间不能达成一致。政策制定者们能够依赖的、线索清晰的一系列发现是不存在的；相反，倒是研究促生了许多模糊的结论和备受争议的解释。

从历史上看，对于许多典型的风险而言，后果具有一定的趋势。因此可以在以往经验的基础上去推测各种风险。对于某位卷入了在某给定时间内发生的交通事故的司机来说，他的风险能够在统计的基础之上轻易地被推测出来。新的风险情形却并不属于这一类。我们并不具有可以指导自己行动的以往经验；而且，即使是关于究竟是否存在任何风险的问题，也可能会一直处于沸沸扬扬的争论之中。这一领域内的多数科学家们都认为，全球正在变暖，它具有人为的原因，并且可能对人类造成灾难。但是，也有少数专家对于上述这一切都不以为然；并且，就像我们已经看到的那样，某些环境科学学者也同意这一看法。

疯牛病事件至今仍远未结束。没有人知道疯牛病还会在多少个国家出现，以及它更为长远的后果将是什么。它在物种中进行传播的准确方式还是一个未解开的谜，而且它可能会有一个很长的潜伏期。仅仅是它对于经济所产生的冲击就已经是相当剧烈了。从1998年对疯牛病的调查中所得出的最新估计显示，它对英国经济造成的损失迄今已达30亿英镑，这还仅仅是就向农民支付的赔偿，以及销毁受到感染的牛和处理它们尸体的支出来进行测算所得出的结果。在许多至今并未直接受到疯牛病侵袭的国家中，牛肉的消费量也已经降低了。

疯牛病事件为说明生态危机不能被"置之不理"而且已经涌入了现代政治的核心地带这一事实提供了充分的证明——假如需要证明的话。例如，卫生保健政策的制定，不能在把污染控制仅仅看成是"环境问题"中的某个独特领域的情况下进行；也不能把这些政策的制定看作与技术变革相分离的过程。如何面对生态危机，在可预见的将来会是一件棘手的事情。

在关于生态现代化的文献中，预防原则通常是作为一种处理生态恶兆的方式而被提出来的。这一观念大概是在20世纪80年代首先为德国所采纳，并且在某种程度上已经构成了该国公共政策的一部分。这个国家最基本的态度就是，它声称有关环境问题的行动即使在科学上存在着不确定性，也仍然应当付诸实施。因此，20世纪80年代在几个欧洲大陆国家中启动了一些应对酸雨的项目，而与此形成对照的是，在英国，缺乏结论性的证据竟被用来证明政府在处理这一问题以及其他污染问题上行动迟缓的合理性。

不过，预防原则并非总是有助益的，也并非总是可行的。生态危机经常都不会是如此标准化的，因为在许多情况下我们已不再拥有"贴近自然"的机会。或者，因为同是源于科技进步的利益与风险，它们之间的平衡点是无法把握的。在支持科学技术革新的过程中，我们可能常常需要的是大胆，而不是谨慎。

第二章 五种两难困境

新的风险情形的复杂特性甚至已经扩展到了如此的程度，以至于它们已经进入了公共讨论的领域之中。再以疯牛病为例。当时政府受到了普遍指责，首要的原因是，它先否认疯牛病对人们造成了某种健康方面的风险，后来又根据新的科学证据而转变了态度。作为政府不称职的表现，光是这种态度上的矛盾就足以轻易地使政府解散。在新的风险确实存在而科学证据尚不充分的情况下，政府必须做出严格说来是具有冒险性质的决策。关键的不确定性在于：政府应在什么时候，以及怎样宣布那些通过新的科学信息而日益彰显的可能危险。对于某种新的风险情形的公开宣布，就像疯牛病事件所表明的那样，能够产生深远的后果。如果一项风险被公布出来，或者经过政府的干预而被赋予了"官方"的性质，然而事实上却是被夸大了或者什么也没发生的话，批评家们就会说这是一种"谣言惑众"；但是，假如官方认为这事风险很小，因此对是否要公开宣布持谨慎态度，那么批评家们就又会说这是"掩盖真相"：为什么不让公众早一些了解情况？

这里所牵涉的问题甚至比上面的问题还要难办。在某些情况下，为说服人们改变目前的行为，或者使他们同意采取那些为了避免某个风险或者一系列风险的行动，使他们感到害怕可能是有必要的。例如，只有当政府与其他机构对可能发生的灾难感到极大的不安，应对全球变暖的有效的世界性行动才有可能成为现实。但是，那些能够或者应当被公开激起的警惕，在数量上很可能是有限的。如果有太多预警，就可能使人们今后对任何事情都不再严肃对待。

长期以来，向公民提供安全保障一直是社会民主主义者所关注的问题。福利国家一直被视为这种安全保障的载体。从生态问题中所能吸取的主要教训之一，就是需要对风险予以同样多的关注。新表现出来的风险的突出性将个人自主性同科学技术变革所带来的广泛影响这两个方面联系了起来。风险一方面将我们的注意力引向了我们所面对的各种风险——其中最大的风险是由我们自己制造出来的——另一方面又使我们的注意力转向这些风险所伴生的各种机会。风险不只是某种需要进行避免或者最大限度地减少的负面现象，它也是令脱离了传统和自然的社会充满动力的规则。

传统和自然，就其"不由分说"地做出它们的决定而论，是很相似的。各种行动与事件都"向来如此"，或者，作为"天经地义的"结果而为人们所接受。一旦传统和自然得到改造，就必须采纳富有远见的决定，并且我们对于这些决定所带来的后果须负有责任。谁应当对（无论是个人、国家、还是其他组织所采取的）当前行为的将来后果承担责任，是新型政治主要关注的问题之一——如同在情况恶化的时候，由谁、怎么样，以及利用什么资源提供安全保障的问题一样。

风险矩阵

机会	创新
安全	责任

机会与创新是风险的积极一方。当然，没有人能够逃避风险，但是在被动经历风险和主动探测风险环境之间，存在着根本的区别。积极与风险产生联系，是社会与经济动员的一个必要成分。对于某些风险，我们希望尽可能将其降至最低程度；而另外的一些风险，例如，那些涉及投资决定的风险，是成功的市场经济中一个积极的和不可或缺的部分。

确切地说，风险与危险并不是一回事。风险指的是那些我们主动寻求与之面对及对其进行估量的危险。在一个面向未来并充塞着信息的社会（如我们自己所处的社会）当中，关于风险的主题将政治的其他各个不同领域连接了起来：福利国家改革、对世界金融市场的参与、对技术变革的反应、生态问题，以及地缘政治的变化。我们所有的人都需要抵御风险的保障，但也需要具有面对风险并以一种积极的方式来对待风险的能力。

"第三条道路"政治

迄今为止，我已经分别谈到了"五种两难困境"，仿佛它们是互不相关的。然而，它们其实并非互不相关，而且在这一章和接下来的章节中，我们需要将这些不同的线索连接到一起。

"第三条道路"政治的总目标，应当是帮助公民在我们这个时代的重大变革中找到自己的方向，这些变革是：全球化、个人生活的转变，以及我们与自然的关系。"第三条道路"政治应当对全球化采取一种积极的态度，但至关紧要的是，必须仅仅将其视作范围比全球市场还要宽得多的一种现象。社会民主主义者必须与极右派所主张的经济和文化保护主义进行论争，后者将全球化看成是对国家的完整性和传统价值的威胁。经济全球化无疑能够对地方性的自给自足产生毁灭性的影响。但是，保护主义既不明智也不合乎民意。即使它能够在实践中被采纳，它也只能制造一个自私且很可能相互敌对的经济集团的世界。"第三条道路"政治不应当把全球化与自由贸易中的"一揽子协议"（blanket endorsement）相等同。自由贸易能够作为经济发展的引擎，但是，由于市场对社会和文化具有破坏性的力量，总得对自由贸易所带来的广泛后果进行仔细审视。

"第三条道路"政治，在明确承认它所关注的问题范围比旧的左—右分野架构更加广泛的同时，保留社会正义问题仍然是核心的关注点。平等和个人自由也许会发生冲突，但是立足平等的各项措施也常常会扩大个人自由的范围。对于社会民主主义者来说，自由应当是指行为自主，而后者反过来又需要广大社会共同体的参与。在置老式的集体主义于一边的同时，"第三条道路"政治正在寻找个人与社会之间的一种新型关系、寻找一种对于权利和义务的重新定义。

有人可能会以下面的这句话作为新型政治的座右铭：无责任即无权利。政府对于其公民和其他人负有一系列责任，包括对弱者的保护。不过，老派社会民主主义倾向于将权利看作不附带任何条件的种种要求。个人主义不断扩张的同时，个人义务也应当延伸。例如，领取失业救济金的人，应当履行主动寻找工作的义务；并且，能否确保各种福利制度不会阻碍主动的谋职行为则取决于政府。作为一项伦理原则，"无责任即无权利"必须不仅仅适用于福利的受益者，而且也适用于每一个人。对于社会民主主义者来说，强调这一点是极端重要的。因为如果不这样做的话，规则就只能适用于那些穷人或需要得到福利的人——正如政治权利的实际情形一样。

在今天的社会中，第二条座右铭应是无民主即无权威。无论是在国家、政府、家庭还是其他机构之中，权利总是以不断地关注传统的各种标记作为使权威正当化的主要手段。㉙右翼思想家和政治家们说道，如果失掉传统和传统的各种形式，权威就会瓦解，人们就将失去分辨对与错的能力。这样一来，民主就永远只能是残缺不全的。社会民主主义者应当反对这一观点。在一个传统与习惯正在失去其支配力的社会之中，树立权威的唯一途径就是通过民主。新自由主义虽并不必然地腐蚀权威，但却需要在一个积极的或参与的基础之上来对权威进行重铸。

> **第三条道路的价值**
>
> 平等
> 对弱者的保护
> 作为自主的自由
> 无责任即无权利
> 无民主即无权威
> 世界性的多元化
> 哲学上的保守主义

与"第三条道路"政治相关的其他问题并不隶属于解放政治的构架,或者只是部分地与这一构架有关。这些问题包括对全球化的反应、科学与技术变革,以及我们与自然世界的关系。需要在这里提出来的问题不是关于社会正义,而是关于我们在传统与习惯已趋衰落之后应当怎样生活、如何重建社会团结,以及如何对生态问题做出反应。在对上述问题做出反应的过程中,应当着重强调世界价值和可能被称之为"哲学上的保守主义"的价值。在一个充满生态危机的时代,现代化不可能完全是直线形的,而且也绝对不可能仅仅等同于经济增长。

对于新型政治来说,现代化问题是一个基本的问题。生态现代化是其中的一个视角,但还包括其他方面。例如,托尼·布莱尔的各次讲话中,掺入了某些关于现代化的言论。现代化究竟应当意味着什么?显然,它所指的一个方面就是社会民主自身的现代化,即从传统的社会民主主义阵营中脱离出来。但是,作为内涵广泛的一项行动计划,一个现代化战略只有在社会民主主义者对这一观念已经具有了极富经验的理解的前提下,才能奏效。

在生态方面极富敏感性的现代化,不关乎"越发增长的现代性",而是意识到现代化进程中的各种问题与限制的现代化。在一个繁复变化的世界(其中,本质上不可预测的科技创新所释放的能量起到了特别重要的作用)中,急需重建连续性和提高社会凝聚力。

哲学保守主义这一主题居于关键地位。当然,现代化与保守主义通常被视为两个对立面。但是,我们必须利用现代性这一工具,来解决如何在这个"超越了传统"并"处在自然的对立面"的世界(在这里,风险与责任进行了新的组合)中生活的问题。

在这个意义上讲,"保守主义"与政治右翼对其进行理解的方式之间,只具有一种不牢固的密切关系。它提出,应当采取务实的态度来应付变化;在对科学技术为我们带来的各种不确定结果进行认识的过程中,对它们采取某种具有细微差别的立场;对过去和历史保持尊重;而在环境保护领域中,在可行的情况下采用预防原则。这些目标非但不与现代化行动计划相矛盾,而且还以后者为先决条件。科学与技术,就像上面所谈到的那样,已经再也不能被置于民主的范围之外了,因为它们对于我们生活所产生的影响比对前几代人更加直接,也更加深远。

再以现代政治中某些最激烈的争论所涉及的家庭作为另外一个例子。维持家庭生活的连续性,尤其是保障儿童的幸福,是家庭政策最为重要的目标之一。不过,这个目标不能通过某种反动的姿态——试图重申"传统家庭"的做法——来达到。就如同我将在后面试图说明的那样,它必须以民主化的现代化进程为前提。

第三章 国家与公民社会

　　以下的文字提供了一份完整的、涉及每一个重要领域政治方案的大纲——当然这仅仅是一份大纲。对国家和政府进行改革应当成为"第三条道路"政治的一项基本的指导性原则,"第三条道路"政治是一个深化并拓展民主的过程。政府可以同公民社会中的机构结成伙伴关系,采取共同行动来推动社会的复兴和发展。这种伙伴关系的经济基础就是我将会谈到的新型的混合经济。只有在现行的福利制度得到彻底现代化的情况下,这种经济形态才可能是有效率的。"第三条道路"政治是一国政治(one-nation politics)。一个世界性的国家不仅可以促进社会的包容性(inclusion),而且还可以在培育跨国统理体系的过程中发挥重要的作用。

　　上面提到的每一种概念在下文中都将得到一定程度的详细讨论。我并不想说所有这些概念都是毫无问题的。恰恰相反,几乎所有的概念都是有争议的,也是很棘手的。我们并不知道自己是否有足够的能力来控制全球化和技术变迁所释放出来的力量。新的、充满风险的环境是一个由危险和机遇共同组成的神秘混合体。因此,这里所提出的框架体现的是一个正在形成过程中的方案。

> **"第三条道路"方案**
>
> 激进的中心
> 新型的民主国家(没有了敌人的国家)
> 积极的公民社会
> 民主的家庭
> 新型的混合经济
> 作为包容的平等
> 积极的福利政策
> 社会投资型国家
> 世界性的国家
> 世界性的民主

民主制度的民主化

新自由主义者想要缩小政府;历史上,社会民主主义者则一直热衷于扩大政府。"第三条道路"认为有必要重构国家:超越"把国家当敌人"的右派和"认国家为答案"的左派。

如果说,自由民主制度如今面临着某种危机的话,那么,这并不是因为它受到满怀敌意的竞争对手的威胁(就像一个世纪之前那样),而是因为它已经没有可以与之匹敌的对手了。随着两极时代的过去,大多数国家已经没有了与其针锋相对的敌人。面临着危险而不是敌人的国家不得不到与以往不同的地方去寻找合法性的根源。现代国家是在战争的严酷考验中逐渐形成的,而且,战争和战争准备影响到了国家制度的许多方面。国家创设公民权和福利项目的主要目的就是拉拢人民并获取他们的支持,这种现象在冷战期间一直持续着。许多社会民主主义阵营中的思想家都忽视了这一事实,其中包括影响最大的 T. H. 马歇尔,他也过高估计了自由民主制度和福利国家的发展过程中的自立(self-contained)成分。

全球市场的发展和大规模战争的隐退并不是影响国家结构或政府合法性唯一的因素。其他的影响因素包括民主化的广为传播,这与传统和习惯的影响逐渐减弱是息息相关的。民主制度的吸引力并非完全来自,甚至可能并非主要来自自由民主制度对其他各种制度的胜利,而是来自重新塑造着全球化社会的那些更深层的力量——包括对个人自主性的需要以及更加具有反思能力的公民群体的出现。民主化是片面民主的过程,其中的不平衡必须得到重视。民主制度的危机缘于它还不够民主。虽然,正像前面几章已经讨论过的那样,对政治家表示信任的人口比例在过去 30 年间有所下降,但是人民对民主本身的信任却丝毫未减。在美国,90% 的人"对民主制的政府感到满意"。①一项对欧洲 11 国进行的覆盖 1981 至 1990 年这一段时期的调查也显示出有超过 90% 的人支持"民主制政府"。同样比例的人口同意"我们应当设法进一步完善民主制度"。

问题并不在于是要更大的政府还是更小的政府,而是要认识到目前的治理方式必须适应全球化时代的新情况;而且,权威,包括国家的合法性,必须在一种积极的基础上得到重构。在一个后传统社会(post-traditional society)中,权威无法再通过传统的象征性符号或者通过声称"情况向来如此"而获得合法性。改革应当向什么方向发展?我们怎样才能使民主制度民主化?答案部分取决于具体的情景,因为不同的国家遵循着不同的发展轨迹,而且具有不同的宪法背景。但是,总体性的重点在任何地方都应当是一样的。我们可以把它们概括为以下几条:

（1）国家必须对全球化做出结构性的回应。民主制度的民主化首先意味着权力的去中心化（decentralization），但这一过程并不是单向性的。全球化为权力下放提供了强大的动力和逻辑，但它同时也为权力的向上移交提供了同样的东西。这一双向性的运动——一条双向民主化的道路——与其说是弱化了民族国家的权威，倒不如说是重塑了这种权威的条件，因为这一道路使国家得以回应各种各样的冲击，否则这些冲击便会反过来挫败国家本身。在欧盟的情景下，这意味着我们不仅仅应当把辅助权视为一个教条式的术语：它是建构一种既非超级国家也非自由贸易区的政治秩序的方式；与此同时，它也是使国家经过重整而获具影响力的方式。

（2）国家应当扩展公共领域的作用，这意味着国家要进行指向更大的透明度和开放性的宪法改革，并引入防治腐败的新措施。世界各国政府近年来都面临着人民对其腐败的指控，这一现象的出现绝非偶然。其中的原因并不是腐败现象日益增加，而是政治环境性质的改变。大多数国家的民主制度在实践中依赖幕后交易、特权和庇护，这种现象可能是非常普遍的。影响政治领域的最大变化之一就是：政府和公民现在越来越明显地生活在一个一体化的信息环境中。既存的办事方式受到人们的审视，同时，被视为腐败或不可接受的做法的范围也扩大了。

英国目前所面临的一个特殊难题——这或许也是一种机会？——就是这个国家需要进行一种两路并进的宪政现代化。一种广义的宪政改革早在 10 年以前就已经通过"88 宪章"而被纳入了议事日程，而且已经成为工党政策计划的一个组成部分。当其第一次被提出之时，激发这一改革的主要想法就是英国必须赶上世界上其他地方的先进宪法模式。如今它还必须回应更加全面的变化趋势。

与其他几乎所有的自由民主国家都不同的是，英国没有一部成文宪法。政府的职能以及公民的权利和义务是由习惯和判例法加以确定的。宪法改革的目的不仅在于要使这些原则明确化，而且在于要同渗透在英国政治体制上层之中的保密文化作斗争。行政部门掌握的权力太大，现有的责任机制则非常脆弱；议会各委员会是由下议院的人员构成的，缺乏真正的说服力；就其存在而言，上议院本身完全是民主社会中呈现出的一种时代错误（anachronism）。

初看起来，对上述任何一个领域进行改革都是极其困难的，更遑论各个领域的改革齐头并进了。改革毕竟需要由本身便是问题的机构来实施。不过，掌权后的工党已经迈出了大胆的第一步，而且，非常可能出现的情况是：那些看似固若金汤的办事方式在正面面对挑战时会主动迎接改革。

（3）为了保持或者重新获得合法性，没有了敌人的国家必须提高其行政管理效率。各级政府之所以会失信于民，完全是因为它们的烦琐和低效。在一个商业组织能够迅速回应变化而且步伐更加轻便的世界上，政府很可能会远远落在后面。"官僚机构"这个术语及其所伴随的官僚作风内涵，毕竟是专门用来指代政府的。政府的结构调整应当遵循"以最小的代价获取最大的收益"的生态学原则，这不应当简单地理解为精简裁员，而应当理解为提高政府机构的工作效率。大多数政府机构都可以从最好的商业惯例中学到许多东西，比如目标控制、有效审计、灵活的决策结构以及不断增强的雇员参与等，其中最后一项也是民主化当中的一个要素。社会民主党人必须回应这样一种批评，即由于缺乏市场机制的约束，国家机构变得非常懒惰，它们提供的服务也变得低劣。

正像美国政治评论家 E. J. 迪翁（E. J. Dionne）所指出的那样，这种论调可能变成对其自身夸张的演义，好像政府是无效率的同义词，而完全忽视了好的学校、公立医院或公园的存在。② 合适的回答应该是：只要还有一丝可能性，就不要引进市场机制或者准市场。政府应当模仿市场这一观点是戴维·奥斯本（David Osborne）和特德·盖布勒（Ted Gaebler）的《改革政府》一书的主旨。③ 他们的著作影响了克林顿 20 世纪 90 年代初的政策。当然，重新创造政府有时意味着采取以市场为基础的解决方案。但是，它还应当意味着重申政府在面对市场时的有效性。

（4）全球化引入的向下的压力使得用新的民主形式来取代传统的投票过程不仅成了可能，而且变得非常必要。政府可以通过"民主试验"，比如地方直接民主、电子投票、公民陪审团和其他可能的方式，来重建政府与公民以及公民与政府之间的直接联系。这些方式不会取代地方和中央政府中的正常投票机制，而将成为对它们的一种持久性的补充。一个例子就是瑞典在 20 年以前所使用的那种方式，当时政府使公众直接参与到能源政策的制定过程之中。政府、工会、政党和教育机构开办了许多为期一天的能源问题培训班。任何参加这种培训班的人都可以向政府提出正式的建议。有 7 万人参加了这一决定性地影响了政策制定的演练。

（5）没有了敌人的国家的合法性，越来越取决于它们管理风险的能力。正像前面已经强调过的那样，风险管理并非只是（在现有福利国家的情景中对风险的一般性理解那样）要提供安全保障；对风险的管理也不只涉及经济风险。其他风险，比如科学和技术所导致的风险也对政府造成着直接的冲击。政府理所应当地担负着调控科技变迁以及由此带来的伦理问题的任务。

正如前面所讨论过的那样，界定风险并不只是专家的任务。从一开始，它就需要公众的参与。在可能导致危险的各种情况之中，有一种情况就是风险特别严重而责任机构的工作动力却严重不足。在产生风险决策的每一个步骤上，都需要有一定的协商程序，这一程序通常必须有专家、政府和外行人士参加。风险界定的目标是阐明可行的选择以及现有的科技知识的局限性。许多风险情形的复杂性通常意味着协商的范围必须是非常大的。

"加利福尼亚比较风险项目"是把风险评估同协商性的公民参与结合起来的一个典范。该项目共设立了三个分别针对健康、生态保护和社会福利问题的技术委员会，它们各自独立地评估本专业范畴内的风险。另外还设立了三个委员会来商讨如何管理风险以及风险的法律和经济含义。当它们各自完成自己必须单独完成的任务之后，这两套委员会将被召集到一起，并且得出结论。外行人士组成的委员会提出了许多技术委员会完全忽略的问题，导致了关于风险标准的丰富的公共讨论，其中有些意见后来被吸收到公共政策之中。

（6）民主制度的民主化不能仅仅被当成是一个地区或者一个国家的事情，国家应当具有世界性的眼光，而向上的民主化也不应当停留在地区层次上。向下的民主化以公民社会的更新为前提，而这一进程要稍后才能展开。这些要点结合起来就产生出一种社会民主主义者应当加以推进的统治形式：新型的民主国家。

> **新型的民主国家（没有了敌人的国家）**
>
> 　　权力下放
> 　　双向的民主化
> 　　公共领域的更新：透明度
> 　　行政效率
> 　　直接民主机制
> 　　作为风险管理者的政府

　　新型的民主国家是一种理想，而且是在某种程度上具有开放性结局的理想。我不想在此装出一副能够展示出赋予其现实生命力的全部细节的样子。而且，所有的改革都具有自身的复杂性。比如，权力分散和权力下放都拥有一道引人注目的光环：把权力还给地区、城市和社区！但是，正像所有的民主化进程一样，与它们的好处相伴而来的必定还有一连串的不利后果。如果不以一种权力的"向上"移交来加以平衡的话，权力下放很可能会导致分裂。它并非必然地就是民主化过程，但我们必须使它成为这样。正像批评家所指出的那样，权力下放可能会在那些已经处于政治中心的地方官僚等级上又添加新的等级。据说，英国的那些"贫困、悲哀"的城市可能会借助自治而得以改头换面，而且，这种说法肯定是确实的。④但是，可能由此导致的一种明显的风险是，某些城市和地区借助自治而远远超过其他的城市或地区，从而使英国本来已经存在的地区不平等变得更加严重。

公民社会问题

　　培育一个积极的公民社会是"第三条道路"政治的一个基本组

成部分。与老左派轻视对社会的公民素质（civility）日渐衰落的担忧相比，新型的政治承认这种担忧是有道理的。社会的公民素质的衰落体现在当代社会生活的各个方面，它并不单纯是保守主义政治家们的一种杜撰。它表现为某些乡村社区和城市街道中团结感的弱化、居高不下的犯罪率以及婚姻和家庭的解体。

右派倾向于否认经济贫困与这些问题有关。但是，老左派把社会的公民素质的衰落化约为一个经济问题的做法，与否认贫穷和失去基本生活保障的不利影响一样，都是错误的。我们不能把社会的公民素质的衰落归咎于福利国家的侵蚀，也不能假定这种情况可以通过把自主权交给公民社会而得到逆转。政府应当而且能够在更新公民文化方面发挥重要的作用。

公民社会的复兴

作为合作伙伴的政府和公民社会
通过激发地方的主动性而实现社区复兴
第三部门的介入
地方公共领域的保护
以社区为基础预防犯罪
民主的家庭

国家和公民社会应当开展合作，每一方都应当同时充当另一方的协作者和监督者。共同体（或社区）这一主题是新型政治的根本所在，但它不仅仅是作为一个抽象的口号。全球化进程的推进使得"以社区为重点"不仅成为可能而且变得非常必要，这是因为这一进程产生的向下的压力。"社区"不仅意味着重新找回已经失去的地方团结形式，它还是一种促进街道、城镇和更大范围的地方区域的社

会和物质复苏的可行办法。在政府和公民社会之间并不存在永久的界限。根据情况的不同，政府有时候需要比较深入地干预公民社会的事务，有时候又必须从公民社会中退出来。当政府撤回自己的直接干预时，它的资源对于接管或启动某些活动的地方群体来说仍然是不可或缺的，在比较贫困的地区尤其是如此。但是，恰恰是在比较贫困的社区，培育当地的主动性和参与意识的活动能够收到最大的回报。

有时，对政治家和其他权威人物失去信任，被用作普遍性的社会淡漠的一个标志。但是，正像我们已经提到过的那样，情况并非真正如此，也可能还正好相反。一个越来越具有反思性的社会必定是一个以高度的自治组织为标志的社会。在美国、英国以及世界上其他地方进行的研究表明，至少在某些地区和某些背景中，一个公民的领域正在迅速兴起。某些老式的公民组织和公民活动可能已经失去了吸引力，但是，其他类型的社会共同力量正在逐渐取代它们。关键在于要采取既有利于当地社区又有利于整个社会的方案来利用它们，从而使之服务于更为普遍的社会利益。

罗伯特·伍斯诺（Robert Wuthnow）研究了美国"小群体运动"的发展。他所称的小群体是指定期集会以促进共同利益的一小群人。经过深入的调查研究，他指出，有40%的美国人——大约7500万人——至少参加了一个定期集会的小群体。在这些小群体中，人们萌生了一种"共同体"的感觉，但这并不是传统意义上的对某一地区的归属感。毋宁说，这是一群志趣相投的人走到一起来，共同踏上一段"生活旅程"：

小群体的批评者无法想象他们做得多么出色。他们所营造的共同体很少是不堪一击的。人们感到自己得到了他人的关心。他们互相帮助……小群体成员之间产生的友谊清楚地向我们表明：我们所处的这个社会并不是一些渴望独立走完一生的、顽固的个人主义者所组成的，……相反，即使当我们的社会呈现出紊乱的趋势之时，我们仍然能够根据相互支持的原则结合到一起。⑤

这些小群体中有许多形成于20世纪60年代，并且体现了一种当时颇为流行的关于集体行动的思想。有一些小群体非常明确地追求着被英格哈特称之为后物质主义的那种价值。治疗型模式影响着大多数这样的群体，不论它们的具体关注点是什么。其中占绝大多数的是自助性团体。正像所有的群体或共同体一样，小群体显然有着自己的局限性和问题，但它们的确提供了一种体现公民社会生活丰富性的例证。

在彼得·霍尔（Peter Hall）对20世纪50年代后期的英国所进行的研究中，他指出，第三部门的活动——志愿性工作——在过去40年中呈现出不断扩展的趋势。许多传统的群体衰落了，但它们为更多的新的群体所取代，特别是自助性团体和环境保护团体。一个重大的变化就是参加这些群体的妇女人数不断增加。慈善团体的数量有了显著的增加；1991年，英国共有16万个注册的慈善团体。平均每年有将近20%的人口参与到某种形式的志愿性工作之中，而且有大约10%的人是每周都从事一定的志愿性工作。霍尔发现，现在的年轻人参与志愿性工作的积极性丝毫不亚于以前几代人。

但是，非常明显的是，大多数公民活动的增加都发生在比较富裕的阶层之中。贫困阶层的人们更倾向于将自己的非正式社会交往范围局限在近亲范围内。比起贫穷阶层来说，在富裕阶层那里，出现完全得不到社会支持（social support）的情况要少得多。⑥

政府介入的一个主要关注点，应当是帮助恢复这些群体中的公共秩序。工人阶级共同体的团结是一个持久而稳固的形象，但是，现在这种形象在很大程度上已经成为过去。在那些受经济和社会变迁的扫荡而变得边缘化的地区和街道，公民参与是最为欠缺的。破败的地方社区的复兴有赖于企业的支持，这种支持是导致广义的社会文明复兴的一种资源。20 世纪 60 年代的社会工程带给我们的启示已经为世界各地的人们所了解。最近的研究表明，只要拥有适当的外部支持，地方的主动性甚至可以扭转最难抵御的衰落过程。⑦

世界各地，而不仅是欧洲和美国都存在这样的情况。巴西西北部的塞阿拉州（Ceará）就是一个例子。⑧ 这一地区的改革是由一群从事电视、零售和服务业的年轻的商业界成功人士率先发动的。塞阿拉地区的传统的精英们则主要致力于把当地的农产品出口到国外，他们更关心的是降低工资而不是本地区的发展。

改革者们随后开始与政府部门进行合作，他们采用参与式的规划技术并且与社区的各种组织见面。为了促进本地区的发展，他们设立了把新企业引入该地区的项目。每一户最贫困的家庭都可以分到一份符合最低工资标准的工作。这里还开设了许多托儿所，它们的管理者不是政府，而是受最低工资保障的志愿人员。街道团体和社区组织获得一定的资源，从而得以开展小规模的放贷活动——比如，借给一位妇女一些钱，使她可以购买一台缝纫机，从而借此自食其力。在 1987 到 1994 年期间，塞阿拉地区的经济增长率达到 4%，而同期整个巴西的经济增长率只有 1.4%。

公益创业（social entrepreneurship）是另外一种情况。自从 20

世纪 80 年代末期以来，各种各样的公益创业项目在不同的国家迅速发展起来。一种形式是"服务信用"（service credit），它流行于美国和日本的许多城市。参加慈善工作的志愿者可以从别的志愿者那里得到以时间为单位的"报酬"。一套计算机系统登记着每一"时间货币"（time dollar）的收支情况并且定期向参与者提供结算表。时间货币是免税的，并且可以积累起来以支付保健以及其他医疗卫生服务的费用，包括降低健康保险的成本。"纽约时间货币协会"正在创建一个就业机构，它将为人们提供获得工作、接受培训和获得帮助的机会。个人可以利用该机构来获取有关的工作信息，并且，除了传统意义上的工资，还能得到支付自己每一小时的工作的时间货币。[84]这些"钱"可以储蓄起来，用于接受培训或者作为失业时的一种资源。1998 年启动的一个项目将在全世界 52 个城市建立中心，提供与教育和保健有关的由企业主资助的志愿者项目。这些项目仍然以时间货币项目为基础，试图采用复杂的计算机技术来建立一种志愿性的时间经济（time economy）。

政府应当做好充分的准备，以便为这样的努力做出自己的贡献，并鼓励其他形式的、自下而上的决策和地方自主。比如，小额贷款项目就是一种被证明为行之有效地刺激地方经济活力的办法。地方社区可以自行开展某些活动，但这些活动需要得到政府的许可或监督。比如，教育就是这样的一种活动，学校虽然可能已经拥有各种各样的新的权力，但这些权力的使用却必须受到政府的规范。

在城市中心地区的持续性投资可以创造相关的工作机会，使当地私营企业得到发展并为建筑物的维修提供资金。政府不仅可以直接投资，还可以创造相应的激励机制以引导私营公司来进行投资、提供培训项目以及培育地方的主动性。美国的加利福尼亚以及其他一些州拥有正在运行的成功的经济开发区,而其他各州也正在积极筹划这样的开发区。各种进一步的建议书也已经拟就。其中一项建议就是,如果企业把利润转化为由开发区内的居民分享的股份并重新投入到生产和经营之中,就可以免交资本收益税。另一项建议是,只要是收入被重新投入到提供技能培训或其他的社区资源建设上的非赢利性组织,就可以免税。

社区复兴政策不能忽视公共领域。一个开放的领域不论在国家层次上还是在地方层次上都是非常重要的,而且,它还是使民主化进程与社区发展直接联系起来的一种有效途径。如果没有一个开放的公共领域,社区复兴项目就很容易使社区从大社会中孤立出来并且很容易走向腐化。在这里,"公共"包括物理意义上的公共空间。地方社区的衰落不仅以普遍的破败为标志,而且还以安全的公共空间——街道、广场、公园以及其他使人们感到安全的地方的消失为标志。

国家有可能会吞没公民社会。这种情况曾经发生在一些经济体制中,那里没有得到充分发展的公共领域,人们的日常社会生活在很大程度上被局限在家里——那里通常只有很少的餐馆、咖啡厅或其他供社会交往之用的公共设施。一个健康的公民社会可以保护个人免受过于强大的国家权力的侵害。但是,公民社会也不像某些人天真地想象的那样是自生自发的、秩序与和谐的源泉。社区改造会导致自己的问题和紧张。街道管理机构应当享有多大的权力?当地方的各类积极分子群体之间就社区的未来问题无法达成共识的时候会发生什么情况?由谁来确定社区权利和国家权力的分界线?政府必须对这些以及其他一些难题做出斟酌和判断。国家还应当保护个人免受公民社会中经常出现的利益冲突之害。国家不能消解为公民社会:"如果国家无所不在,那么它也就不存在。"⑨

犯罪与社区

　　预防犯罪与消除对犯罪的恐惧是社区改造非常重要的两个环节。犯罪学在近年来的最重要的创新之一就是发现：日复一日的社会的公民素质的衰落与犯罪率之间存在着直接的联系。很长一段时间以来，人们的注意力几乎完全集中在严重的犯罪上面，比如抢劫、伤害或其他暴力犯罪。但是，比较小的犯罪和公共秩序紊乱形式更有可能造成累积性的严重后果。在欧洲和美国的城市，当人们被问及他们感到烦恼的问题时，住在比较混乱的街区的居民往往会谈到废弃的汽车、乱涂乱画、卖淫、小青年组成的流氓团伙以及其他类似的现象。

　　出于对这些问题的忧虑，人们采取了各种各样的行动：他们尽可能地搬离有治安问题的地区，或者在他们的门窗上加上牢固的防盗锁和结实的防护栏，并且放弃去那些有公共设施的地方。不受控制的失序行为（disorderly behaviour）向人们表明这个地区是不安全的。担惊受怕的人们远离街道，避开某些邻居，并且限制自己的正常活动和交往。在他们自己抽身而退的时候，他们也放弃了公民之间的相互支持，并因此被迫放弃了以前曾经有助于维持社区成员的公民素质的那些社会控制机制。"一个城市生活和社会交往的结构受到破坏的街区将变得越来越脆弱，很容易受到更多的失序行为和严重犯罪的影响。"[⑩]

　　这一命题的含义必须得到充分的理解。这并不意味着要增强警力来扫除街上的一切不受欢迎的东西。几乎完全相反，这意味着警方应当同公民密切合作以提高当地社区的道德水准并改善公民的行为方式，在此过程中应当采用教育、说服和咨询等手段而不是动不动就传讯。斯蒂芬·卡特（Stephen Carter）律师在其近著中描绘了社会的公民素质在现代社会中的命运。他把公民素质定义为"我们为了共同生活而应该付出的各种牺牲的总和"[11]。社会的公民素质涉及我们与陌生人之间的关系：当我们在公共场所与那些我们可能不会再遇见第二次的陌生人遭遇时，我们应当有一种安全感。

人们常说，现在的人越来越陷入一种对犯罪的莫名其妙的恐惧之中。老年人，特别是那些生活在贫民区的老人，经常担心自己被人抢劫，虽然发生这种事情的概率并不高。年轻人比老年人更有可能成为被侵犯的对象。但是，这同时忽略了这样一个事实：那些对犯罪怀有恐惧心理的人会调整他们自己的行为，比如天黑后不出门等，以避免可能出现的令人恐惧的事情。这样一来，他们成为犯罪受害人的可能性与本来的实际情况相比似乎就真的降低了。

合作式治安不仅意味着把公民的力量吸收到维护社会治安的活动中来，而且还意味着改变警方特有的思维方式。大多数国家都采用了"专业化治安"的模式，这种模式自20世纪50年代以来就逐渐得到推广。"专业化治安"的侧重点在于惩治严重犯罪，并且是通过集中警力的方式来打击这些犯罪，包括在国际层面上同犯罪做斗争。但是，全球化所包含的权力下放含义在适用于其他领域的同时也适用于社会治安的领域。一种经过更新的侧重犯罪预防而不是法律执行的模式，将同治安与社区力量的重新结合紧密配合起来。警察与他们应当为之服务的对象的分离常常会导致一种"被围心态"（siege mentality），因为警方与普通公民之间缺乏经常性的联系。

为了发挥切实有效的作用，政府机构、刑事司法系统、地方组织和社区组织之间的合作关系必须是包容性的（inclusive），所有经济群体和种族群体都应该被吸收进来。[12] 政府和企业应当携起手来，以帮助修整破败的城区。一种可行的模式就是设立享受一定免税期的经济开发区，以鼓励公司参与指定地区的战略规划并投入自己的资金。要想取得成功，这样的项目需要一种对社会目标的长期投入。

强调这些策略并不意味着否认失业、贫困与犯罪之间的关系。毋宁说，同这些社会疾病做斗争的活动应当同以社区为基础的犯罪预防措施结合起来。这些措施实际上可以直接或间接地促进社会公正，当社会秩序随同公共服务和建筑物一道走向衰败的时候，其他的各种机会也会随之减少。改善一个街区的生活质量可以使它们得以复兴。

民主的家庭

家庭是公民社会中的一项基本制度。家庭政策是新政治的一块试金石：在这种政治中，超越新自由主义和老派社会民主主义的家庭政治是否确实存在？

正像许多其他领域一样，这一制度领域的背景正在发生变化。相关的统计数字是众所周知的。虽然高低不同，但几乎所有西方国家都面临着离婚率急剧上升的趋势。单亲家庭和非婚生子女的比例也急剧上升。1994年，英国有32%的新生婴儿是在婚姻关系之外出生的。在意大利，这一比例仅为7%，而在法国高达35%，丹麦47%，瑞典50%。单身人口的比例也在不断增加。目前，在许多国家中，只有少数儿童生活在"传统"的家庭环境中。所谓"传统"的家庭环境，是指当孩子处于生物学意义上的幼年时期时，父亲和母亲正式结婚并生活在"同一屋檐下"。在这种家庭中，父亲外出工作赚钱，而母亲则在家操持家务。许多人现在都在谈论家庭的衰落。如果这种衰落的确正在发生，它的影响将是极其巨大的。家庭是影响整个社会的各种趋势的一个交汇点：不断扩大的性别平等、越来越多的妇女进入劳动力市场、性行为和性期待的改变，以及家庭与工作之间关系的转变，都首先体现在家庭之中。

对于这些变化所带来的后果，右翼人士持有一种特别的说法。家庭正处于危机之中，因为传统的家庭正在解体。补救的办法来自这种分析。婚姻的神圣性应当得到重申。婚姻是漂移不定的成年男人的主要情感培育场所，使他们承担起义务和责任，如果没有结婚，他们就会抛弃这些义务和责任。根据这种观点，无父（fatherlessness）"是这一代人所面临的一种最为有害的人口构成趋势。……它还是导致我们所面临的许多最紧迫的社会问题的根源所在，这些问题包括犯罪和青春期少女怀孕、儿童性虐待和针对妇女的家庭暴力"⑬。右翼主张，为了维持家庭的稳定性，应当使离婚变得非常困难。离经叛道的家庭关系，比如同性恋关系，不应当得到政府和宗教权威的支持，或者应当用积极的办法去阻止它们。法律必须继续禁止同性婚姻。支持单亲家庭的福利制度必须加以取消，以消除它所带来的不良后果。

许多属于左翼的社会民主主义阵营的人士以及自由放任论者都持有与上述观点大相径庭的论点。在他们看来，当代家庭的演化史其实是传统家庭模式的一种健康的多样化过程。从根本上说，如果多样性和个人选择是这个时代的口号，那么它们为什么不能进入家庭领域呢？我们应当承认这样的事实：即使不履行正式的结婚手续，两个人也可以幸福地生活在一起；同性伴侣也有能力像异性伴侣那样把孩子抚养成人；而且，只要拥有足够的资源，单亲家长也能够像一对夫妻那样抚育子女。

新型的政治如何解决家庭问题呢？我们首先应当明白：回到传

统家庭模式的思想已经是不可能实现的了。为了说明这一判断，我们可以列出以下几点理由：

- 我们正面对着日常生活中的深刻变迁，这一过程是任何政治机构都没有能力加以逆转的。
- 对传统家庭模式的迷恋其实是建立在美化过去的基础上的。在英国，破碎的家庭在19世纪与在今天一样是普遍存在的，虽然当时的主要原因是配偶的死亡而不是离婚。历史研究已经越来越多地揭示出传统家庭的阴暗面；在那种家庭模式中，虐待儿童和对儿童实施性虐待的情况远远超出大多数历史学家通常所能想象的程度。
- 传统的家庭主要是一种经济和血缘单位。婚姻关系在过去不像在目前这样个人化，而爱情和情感投入在过去也不是婚姻的主要基础，而它们现在正变得越来越重要。
- 传统婚姻的基础是两性之间的不平等以及丈夫在法律上对妻子享有的所有权。在英国法律中，直到20世纪早期仍然把妻子视为丈夫的动产。同样，子女所享有的法律权利也非常少。
- 传统家庭中性的标准通常是双重的。人们要求已婚妇女必须是"贞洁"的，其部分原因在于要确保父权。而男性则享有更多的性自由。
- 子女是婚姻关系的存在理由。大家庭为人们所认可并被承认为一种常态。我们现在则生活在一个"宝贝孩子"的时代，子女已经不再是一种经济利益，而变成了一种重要的经济成本。子女的身份以及子女的抚养已经发生了重大的变化。

重新回到传统的家庭模式是一种不切实际的想法。我们从这种家庭模式本身之中找出上述任何一点都足以打消这样的企图。因此，毫不奇怪的是，当右翼评论家提到传统家庭的时候，他们实际上所指的并不是传统家庭，而是在"二战"以后一段短暂时期出现的一种过渡型的家庭形态，也就是20世纪50年代的"理想化"家庭。那个时候，传统家庭几乎已经完全消失了，但妇女仍然尚未大量进入劳动力市场，而性别不平等仍然明显存在。

那么，与右翼观点相反的观点是否具有说服力呢？没有。因为单是"家庭形式的多样化是可取的和没有问题的"这样一种观点就令人无法相信。离婚对子女生活的影响永远是难以估量的，因为我们无从知道如果他们的父母不离婚将会怎样。但是，迄今为止，大量而全面的研究都已经证明，下面这样一种主张是站不住脚的："由单亲抚养长大的孩子丝毫不逊色于由父母双方共同抚养长大的孩子。"⑭ 很大一部分的原因是经济方面的，即与离婚相伴随的收入的突然下降。但是近乎一半的劣势源自子女得不到父母的充分关注，以及充分的社会联系的缺失。这些研究表明：分居或离婚弱化了子女与父亲之间的联系，同时也削弱了子女与父亲的朋友和熟人圈子的联系。在广泛的经验研究的基础上，研究者们得出了这样一种结论：单身母亲不可能获得强有力的支持网络或者比较广泛的家庭联系。

婚姻、家庭和子女的照顾都困难重重，而我们的问题在于什么样的有效政治策略能够改善它们，以及我们应当为什么样的理想家庭状态而努力。首先，也是最为根本的，是我们必须从两性平等的原则出发——这一点不能有丝毫让步。谈到今天的家庭，我们只有一条路可走，那就是民主的道路。家庭正变得越来越民主，这一进程直追政治生活中的民主进程；而且，这一民主化进程指出了家庭生活把个人选择与社会团结结合起来的途径。

第三章 国家与公民社会

家庭民主与政治民主的标准令人惊奇地相似。公共领域中的民主包括：形式上的平等、个人的种种权利、不受暴力干涉地自由讨论问题，以及在与传统的协调过程中获得（而不是被传统赋予）的权威。民主化的家庭也分享着这些特征，其中有一些特征已经得到国内法和国际法的保护。家庭中的民主意味着平等、相互尊重、独立自主、通过协商来做出决策，以及不受暴力侵犯的自由。这些也为父母—子女关系提供了一个样本。当然，家长在子女面前仍将争取自己的权威，这也无可厚非；但这种权威越来越具有可以商量的特性，而且越来越开放。

民主化的家庭也是一种理想。那么，社会民主主义者应当采取何种措施来促进这种理想的实现呢？政府应当专门为此做些什么呢？正像在别的领域一样，重点应该放在确保自主与责任之间的平衡上。在这方面，积极的鼓励应当与其他的方式并驾齐驱。人们普遍向往着家庭能够在这个不断变化的世界上提供一种稳定感。然而实际的情况是：家庭既可能弥补由这个世界上的因素造成的不利影响，也可能跟着这些因素走。人们已经对工作安排的灵活性和适应性问题给予了许多的关注，但个人带入到婚姻和家庭关系中的能力也是同样重要的。在变化——甚至是在像离婚这样的重大变故——中维持关系的能力不仅对个人的幸福而言是非常重要的，而且也决定着个人能否与自己的子女保持不间断的联系。

家庭政策的制定者应当加以考虑的一个最重要的问题是，对儿童的保护和照料。增加离婚的难度并不是解决这一问题的有效办法。这种办法可能会使形式上的离婚率有所降低，但是无法阻止分居，甚至还可能会使许多人逃避结婚，这将与那些提议制定更加严格的离婚法的人的初衷正好相反。

民主的家庭关系意味着分担照料子女的责任,特别是在父亲和母亲之间以及家长和非家长之间。因为就整个社会而言,母亲付出了照料子女的巨大代价(也享受着极大的情感回报)。结婚和生养子女总被认为是紧密联系在一起的事。但是,在非传统化的家庭中,是否要一个孩子已经成为与以往截然不同的一项决策。这样,这两者就逐渐分离开来了。在婚姻关系之外出生的孩子的比例可能不会减少,而两人维持一生的性关系将变得越来越罕见。因此,在抚养子女方面的契约性承诺可以从婚姻中分离出来;而且,作为一项强制性的法律义务,夫妻双方都必须做出这样的承诺:未婚的父亲和已婚的父亲都享有同样的权利并承担同样的义务。⑮男女双方都应当意识到:性行为有可能带来终身的责任,包括其中的任何一方都能受到保护而免受人身虐待。再加上其他的造就更加积极的父亲形象的文化变迁,这样一种父亲角色的重新调整将逐渐削弱"单亲"的概念。强制实施家长契约这一举措本身并不是没有问题的。显然,人们也可以寻找到其他的平衡风险与责任的办法。

民主的家庭

情感平等与性平等

在共同生活关系中的相互权利和责任

共同承担养育子女的责任

终身的家长契约

对子女的有商量余地的权威

子女对父母的义务

社会整合性的家庭

在家庭中,正像在其他领域中一样,民主很难实现,而且更难

维持。就子女的照料而言,民主意味着共同承担做父母的义务,但是目前的现实情况距此还相差很远。右翼人士在传统家庭的解体这一问题上的看法往往伴随着一种关于男人的局限性的论点:男人天生就没有目标和计划,并且在道德上不负责任;除非他们被安全地约束在一种传统类型的家庭之中,否则他们就会成为一股使社会走向分裂的力量。

但是,科学研究的结果并不支持这种观点。⑯对于大多数男人而言,正像对女人而言一样,离婚是一种痛苦和令人伤心的经历。绝大多数男人都不会因为摆脱了对其子女的责任而感到轻松惬意。大多数男人都会想方设法保持与子女的关系,即使在面临巨大困难时也是这样。许多男人之所以同子女失去联系,是因为涉及巨大的感情创伤或者是受到前伴侣的明确敌视,而不是由于他们想要追求一种不负责任的生活方式。

正像一位研究者所指出的那样,在那些离婚之后仍然与子女保持密切关系的父亲和没有这样做的父亲之间,并不存在一种泾渭分明的区别。其中最重要的决定因素不是父亲的态度,而是其他人的反应以及一些偶然事件,这些事件使事情朝某一个方向而不是另外的方向发展。许多父亲的确同他们的子女失去了联系,而且的确不再从经济上支持他们的子女。但是,与"不负责任的男性"观恰好相反,这似乎不是一个性别问题。一项由美国人口调查局进行的研究表明:与没有监护权的父亲相比,没有监护权的母亲不支付法院判决其支付的子女抚养费的可能性更大。⑰

我们可以通过许多方面的创新来鼓励父母共同承担养育子女的责任。与"单亲母亲"的概念一样,"缺席的家长"一词在法律上的广泛应用有助于使人们铭记这样一种情况:父母当中的一方(通常是父亲）被看成而且实际上被当成是不重要的。经济因素也是至关重要的。为什么没有同孩子们住在一起的父亲就不能像单亲母亲那样获得照顾孩子或者在孩子们放学后照料他们的机会？父亲们应当比现在享有更多的照顾子女的权利，而且，在必要的时候，应当为他们提供履行其职责的条件。

政治家们经常提到需要通过强有力的家庭纽带来维持社会的凝聚力。他们这样做并没有什么错，但是对这种说法做出某些限定是非常必要的。首先，"家庭"不能单指养育子女的家长。子女也应当对他们的父母负起责任，而不是与此相反。我们至少应当认真考虑一下是否应该使这种责任具有法律上的约束力。实际上，美国联邦政府在1983年就试图要求子女帮助照顾年迈的父母，这项要求是"医疗保健协助"项目的一个组成部分。此项建议从未得到实施，虽然有大约26个州现在制定了相关的法律，要求子女为贫困的父母提供援助。[18]尽管这些法规很少实施，但是，它们所体现的观念很快就会成为社会公认的标准。比如，这些义务可以同终身的家长契约结合起来。

其次，我们很容易发现，家庭并不一定能够创造社会团结。意大利南部地区的情况为我们提供了一个大规模的例证，但是，类似的情况在其他的环境中也是可能的。比如，我们在贫民区就可能会发现犯罪家庭。在这种家庭中，强大的血缘纽带和义务正是他们从事违法活动的基础。即使是遵纪守法的家庭，也有可能与世隔绝并且放弃自己对整个社会的责任。只有当强有力的家庭纽带不仅向内看而且向外看时，它才可能成为加强社会凝聚力的一种重要资源。这就是我所说的"社会整合性家庭"的真正含义。家庭关系是更广泛意义上的社会生活结构的组成部分。

第四章　社会投资型国家

　　古典社会民主主义主要关注经济安全和再分配,而把财富创造视为一件不太重要的事。新自由主义者则把竞争和财富创造放在首位。"第三条道路"政治也十分重视所有这些因素。鉴于全球市场的性质,它们的重要性都十分紧迫。但是,如果人们都沉溺在纷乱的经济旋涡中随波逐流,那么所有这些因素都将得不到任何发展。政府应当在人力资源和基础设施投资方面发挥重要的作用,以营造一种良好的企业环境。

　　可以这样说,"第三条道路"政治支持一种新型的混合经济。老式的混合经济有两种不同的版本。一种涉及公共部门与私人部门的划分,但仍有许多企业掌握在政府手中。另一种在过去和现在都是一种社会市场。在两种情况下,市场都在很大程度上受制于政府。新型的混合经济则试图在公共部门和私人部门之间建立一种协作机制,在最大限度地利用市场的动力机制的同时,把公共利益作为一项重要的因素加以考虑。它既涉及国际、国家和地方各层次上的调控与非调控之间的平衡,也涉及社会生活中经济因素与非经济因素之间的平衡。第二种平衡至少与第一种平衡同样重要,但它可以在第一种平衡得到实现的过程中获得部分的实现。

　　企业的快速创立或倒闭是一种有活力的经济的特征。这种流动性与一个由被视为当然的习惯所统治的社会是不能兼容的——哪怕这种习惯是福利制度导致的。社会民主主义者必须改变福利国家所蕴含的风险与安全之间的关系，以形成这样一个社会：在政府、企业和劳动力市场中的人是"负责任的风险承担者"（responsible risk taker）。当情况变得不妙时，人们当然需要得到保护；他们也需要顺利度过一生中的重大转折时期的物质和精神能力。

平等问题必须得到全面而认真的思考。平等与个人自由有时可能会产生冲突；而且，平等、多元主义与经济活力之间也并不总是和谐一致的。正像我们现在所面临的情况那样，结构变迁所导致的不断加剧的不平等是很难克服的。但是，社会民主主义者不应当接受这样一种观点：高度不平等是经济繁荣的必然伴生现象，或者说是不可避免的。他们应当放弃过去形成的关于不平等问题的迷恋，并重新思考平等的真正含义。平等必须有助于实现多样化，而不应当成为后者的障碍。

基于我下面将会谈到的原因，再分配不应当从社会民主主义的规划中消失。但是，社会民主主义者之间的讨论最近以来已经非常正确地把重点转向了"对可能性的再分配"（redistribution of possibilities）。对人类潜能的开发应当在最大程度上取代"事后"的再分配。

平等的含义

许多人指出，当下唯一的平等模式应当是机会平等或称精英统治（meritocracy）——新自由主义的模式。我们必须明白为什么这一立场是站不住脚的。首先，（如果这种模式能够实现的话，）一个彻底的精英统治的社会将造成收入上的严重不平等，并因此威胁社会的凝聚力。比如，让我们考虑一下"赢家通吃"（winner-take-all）

的现象。在劳动力市场上,这是一种显而易见的结果。某个仅仅比别人稍微能干一点儿的人会比别人要求更多的工资。一位网球明星或著名歌剧艺术家所获得的报酬远远超过那些比他(她)稍逊一筹的同行。与其说"尽管运用了精英统治的原则,仍然存在这样的现象",倒不如说这种现象正是由精英统治原则的运作造成的。如果细微的差异能够决定产品的成功还是失败,那么,对于企业来讲,赌注实在是太大了。被认为造成了这种边际差异的个人会得到不成比例的报酬。他(她)们是一群新的"无名的显贵"。①

除非精英统治伴随着一种工作分配上的结构变化(这种变化只可能是暂时性的),否则一个精英统治的社会可能还会造成大量的向下流动。许多人不得不向下流动,以便其他人能够往上爬。但是,正像许多研究已经表明的那样,波及面很大的向下流动将会产生无法估计的后果,并使那些受到这些后果影响的人产生疏离感。大规模的向下流动对社会凝聚力造成的威胁,可能不亚于一个充满敌意的被排斥者阶层的存在。事实上,完全的精英统治将制造出一个这种阶层的极端形态,即一个与主流社会格格不入的阶层。这不仅意味着有一些群体将生活在社会底层,而且意味着他们知道自己能力的欠缺而生活在底层是命该如此:我们很难想象出比这更加令人绝望的处境了。

无论如何,彻底由精英统治社会不仅是不可能实现的,而且,它本身就是一个自相矛盾的概念。出于我们已经指出的原因,一个精英统治的社会在结果上可能存在严重的不平等。在这样一种社会秩序中,特权者必定能够将其优势传给自己的子女,但这样一来又破坏了精英统治。毕竟,即使是在某些奉行相对的平等主义的社会(在那里,财富无法保障子女社会地位的提升)中,特权阶层也能够把自己的优势传递给自己的后代。

这些观察并不表明精英统治的原则与平等毫无关联,但的确能说明这些原则不能涵盖平等的全部内容,也不能用来定义平等。那么,平等究竟意味着什么呢?新的政治学把平等定义为包容性(inclusion),而把不平等定义为排斥性(exclusion)。不过,我们需要对这两个术语加以进一步的阐释。在其最广泛的意义上,包容性意味着公民资格,意味着一个社会的所有成员不仅在形式上,而且在其生活的现实中所拥有的民事权利、政治权利以及相应的义务。它还意味着机会以及在公共空间中的参与。在一个工作对于维持自尊和生活水准而言处于至关重要地位的社会中,获得工作的可能性就是"机会"的一项重要含义。教育是另一种重要的机会——即使在教育对于获得工作来说不是那么重要的情况下,仍然是这样。

在当代社会中,有两种比较明显的排斥类型。一种是对处于社会底层的人们的排斥,将他们排除在社会提供的主流机会之外;另一种是社会上层人士的自愿排斥,也就是所谓"精英的反叛":富人的群体选择离群索居,从公共机构中抽身而出。[②]特权阶层开始生活在壁垒森严的社区中,脱离公共教育和公共保健体系。

由于工业社会的阶级结构正受到上文中曾经简要提及的那些重大变化的影响,包容性和排斥性已经成为分析和回应不平等的重要概念工具。大约25年以前,大多数工业劳动者(主要是在制造业)都从事体力劳动。如今,信息技术已经彻底改变了制造业的性质,大幅度地减少了对无技能劳力的需求量。计算机辅助设计和用户化、自动化的存储和分配系统,以及生产单位、销售单位与客户之间的联网,取代了以前需要手工进行的工作。今天,在发达国家中只有不到20%的劳动力从事制造业的工作,而且这一比例仍在不断缩小。传统意义上的工人阶级正在消失。与此同时,主要集中在煤矿、铁矿、钢铁冶炼厂和造船厂等周围的古老的工人阶级社区也已经发生了性质上的转变。

有些社区重新获得了生机，另一些则逐渐衰败了。正像城市中心的贫民区一样，这些社区从更加广阔的社会中孤立出来。如果其中又有许多少数民族群体，那么种族偏见将进一步强化这一排斥过程。正像美国城市长期以来的情况那样，欧洲城市也正在吸收大量的外国移民，这使得伦敦、巴黎、柏林、罗马和其他城市地区出现了一种新的"穷人"群体。因此，经济上的排斥性总是涉及物质和文化两方面的含义。在衰败的地区，房屋年久失修，工作机会的缺乏导致缺乏求学动力，并因此造成社会不稳定和组织瓦解。在伦敦这个英国最富裕之地周围的一些市政房产里居住的人群中，有60%的人处于失业状态。然而，近在咫尺的伦敦城市机场却无法招募到自己所需的技术工人。③

包容性与排斥性

排斥性这一概念涉及的不是社会等级的划分，而是把属于某些群体的人排除在社会主流之外的机制。对于上层社会而言，自愿排斥的驱动因素是多种多样的。拥有足够的经济资源是远离社会的必要条件，但却从来不能完全解释这些群体选择如此行为的原因。与社会底层的排斥不同，社会上层的排斥不仅是对公共空间或社会团结的威胁，而且是社会底层排斥的原因。从某些国家（比如巴西和南非）中出现的更为极端的例子上可以很容易地看到，两者是一起出现的。因此，限制精英的自愿排斥对于营造一个更具包容性的底层社会来说是十分重要的。

> **具有包容性的社会**
>
> 作为包容性的平等
> 有限的精英统治
> 公共空间（公民自由）的复兴
> "超越劳动的社会"
> 积极的福利政策
> 社会投资型国家

许多人认为特权集中在上层社会是在所难免的。收入不平等现象正在广泛蔓延。比如，在美国，1980到1990年的10年期间，有60%的收入集中在仅占人口1%的少数人手中，而总人口25%的最贫穷的人口的收入在30年的时间里几乎没有什么变化。英国也表现出相似的情形，只不过没有这么极端罢了。目前，收入最高的劳动者与收入最低的劳动者之间的收入差距是50年来最高的。虽然从实际生活水平上看，大多数劳动人民的处境都比20年以前有所改善，但是，最穷的10%的人却发现他们的实际收入是下降了。

但是，这并不必然意味着这种趋势会持续下去或者是日趋恶化。技术创新是一个无法估量的因素，或许这种趋向于越来越不平等的趋势在某一时空环境下会发生完全的逆转。无论如何，这些趋势都比表面看起来更为复杂。正像一些特别认真而详尽的研究所表明的那样，在某些发达国家，不平等现象在过去30年间是逐渐缓和而不是日趋严重了。当然，我们无法准确地了解关于收入的统计资料究竟具有多大的可靠性，因为衡量第二经济（secondary economy）的努力基本上只能停留在猜测的水平上。这种经济可能会增加不平等，但它更有可能起到相反的作用，因为易货贸易和私下的现金交易更

第四章 社会投资型国家

有可能在穷人之间进行。最后，那些长期处于新自由主义政府统治之下的国家比其他国家表现出更为严重的经济不平等加剧的现象，其中最典型的例子就是美国、新西兰和英国。

谈到美国问题，政治问题专栏作家米基·考斯（Mickey Kaus）建议在"经济自由主义"（economic liberalism）和"公民自由主义"（civic liberalism）之间做出区分。④ 贫富差距将会继续扩大，而且没有人能够阻止这一趋势。但是，公共领域可以通过"公民自由主义"而得以重建。考斯在这一点上无疑是非常正确的：公共空间被不断掏空的趋势可以得到逆转，而且解决社会上层的排斥不仅仅是一个经济问题。当然，经济不平等肯定与排斥性机制不无关系，我们不应放弃降低这种不平等的努力。

在欧洲范围内，一个关键的因素是福利开支的可持续程度。福利国家本身可能需要彻底的改革，但福利制度的确应当对资源分配产生影响。我们还可以考虑其他策略，其中有些策略的适用范围可能非常广泛，比如雇员持股方案。这种方案的再分配意义是非常大的。这些福利措施对收入分配状况产生的基本影响之一，就是提高性别平等的程度。在福利制度的影响下，不平等现象是减少了，而不是增加了。这再一次反驳了"社会正变得越来越不平等"这一简单的说法。家庭的变迁会影响到不平等的结构。因此，在1994—1995年期间，英国占人口20%的高收入家庭中有一半是属于一个人从事全职工作或夫妻二人都从事全职工作的情况。新的不平等模式不完全是既定的。政府的政策可以对之产生影响，比如支持单亲家长进入劳动力市场。

"公民自由主义"，也就是对公共空间的重塑，必定仍然是上层的包容性社会中的一项重要内容。这种自由主义如何才能得到复兴或者维持呢？成功地培育起世界性国家（cosmopolitan nation）是一条途径。那些认同自己为某一民族共同体的一员的人，更有可能承认自己对该共同体的其他成员负有某种责任。培育一种负责任的商业气质也是一条可行的途径。从社会团结的角度来看，最重要的群体不只是那些新兴的商界巨头，也包括专业的和有钱的中产阶级，因为他们最靠近脱离公共空间的分界线。提高公共教育的质量、维持一套资源充足的保健服务体系、推行安全的公众娱乐方式以及控制犯罪率等都是非常重要的。出于这些原因，我们不应当把对福利国家的改革简单地理解为营造一张安全的大网。只有造福大多数人口的福利制度才能够产生一种共同的公民道德观。如果"福利"只具有一种消极的内涵而且主要面向穷人（就如美国的福利制度那样），那么它必然会导致社会分化。

美国经济的不平等程度高于其他任何一个工业化国家。但是，即使是在美国这个竞争性个人主义的发源地，也有理由希望"精英的反叛"是能够受到制约的。社会学家阿兰·沃尔夫（Alan Wolfe）在其最近的研究中发现，很少有证据表明美国的中上阶层正从更大的社会中退出。他发现，在美国对社会正义的支持的基础是广泛存在的，这种支持"既来自保守的天主教徒，也来自东海岸的自由主义者"。⑤大多数人都认为，美国的经济不平等已经太过火了：

> 赞成在其学科中贯彻自由放任观点的经济学家倾向于认为：大公司的常任经理们的高薪即使达到令人咋舌的程度，最终也会对每一个人都有利，因为无效率的公司和得不到合理报酬的经理们都不能为任何人的实际利益服务。但是，从美国中产阶级的观点来看，过高的公司管理层薪水更有可能被视为自私的

第四章 社会投资型国家

表现,而自私的个人和组织由于失去了平衡,将威胁到社会秩序的精妙性。⑥

我们不难设想出对公共空间产生积极影响的(而不是侵蚀公共空间的)政策。例如,保健应当适应于大多数选民的需要。"保健"一词在这里可以作宽泛的理解,与后面将会提到的积极福利概念相对应。比如,减少环境污染就是一种普遍性的福利。实际上,生态策略是关于生活方式的论争中的关键因素,因为大多数生态利益都是跨越阶级的。

正像社会上层的排斥一样,社会底层的排斥也是可以自我再生的。我们必须设法制定策略来打破贫困的恶性循环:

> 帮助缺乏基本技能和资格的成年人获得它们,帮助技能已经落伍的人们更新它们,提振所有由于长期失业而陷入悲观失望心境的人的自信心,这些……都是绝对必要的。缺乏专业技能的人陷入失业状态的可能性是具有较高学历者的五倍;最后,就业机会又总是流向那些具备就业能力的人。⑦

教育和培训已经成为社会民主主义政治家的新口头禅。托尼·布莱尔在总结本届政府的工作重点时,把优先权赋予"教育,教育,教育",这已经成为一句众所周知的名言。在大多数工业化国家,对改进过的教育技巧和技能培训的需求是显而易见的,特别是对贫穷群体来说是如此。谁能够否认任何社会都渴望自己的人民受到高素质的教育这一点呢?今天,教育投资已经成为政府的一项势在必行的任务,它是"可能性"(或机会)再分配的一个重要基础。

但是，认为教育能够直接减少不平等的观点是值得怀疑的。在美国和欧洲进行的大量比较研究表明，教育体现着更大范围内的经济不平等。要解决这一问题，还必须从根源上入手。

进入到劳动力行列，而不仅仅是没有前途的工作中，对于消除非自愿性排斥来说，显然是非常重要的。劳动可以带来多方面的好处：它为个人创造了收入，赋予个人一种稳定感和生活中的方向感，并为整个社会创造财富。但是，包容性这一概念的涉及面必须超出劳动之外。这不仅是因为，许多人在自己一生中的某段时间不能进入劳动力行列，而且还因为，一个完全受劳动伦理支配的社会必定是缺乏生活吸引力的。一个包容的社会必须为那些不能工作的人提供基本的生活所需，同时还必须为人们提供出多样性的生活目标。

传统的扶贫项目必须为以社区为中心的方式所取代，这些方式不但使更多的民主参与成为可能，而且还会更加有效。社区建设强调支持网络、自助以及社会资本的培育，使这些因素成为促成低收入社区经济复苏的重要资源。与贫困作斗争要求注入一定的经济资源，但这些资源应被应用于支持当地的项目。使人们陷入福利之中而不能自拔将会把他们排除出更大的社会；而通过减少福利来迫使个人寻求工作则会导致更多的人涌入本来就已经十分拥挤的、低收入劳动力市场。社区建设方案主要关注个人和家庭面临的多重问题，包括工作质量、保健与幼儿保育、教育以及交通。⑧

积极的福利社会

近年来，没有任何一个问题像"福利国家"那样使左翼和右翼表现出如此截然对立的立场：一方对它赞美有加，另一方则对它无情批判。"福利国家"这个(在20世纪60年代以前并不常见的,也为英国福利国家的主要设计师威廉·贝弗里奇[William Beveridge]*本人所极度不喜欢的)概念的形成,实际上经历了一段复杂多变的历史。它的起源远远背离了左派的理想。实际上,创立福利国家的目的之一就是要驱散社会主义的威胁。19世纪末在德意志帝国创建社会保险制度的统治集团对自由放任经济学的轻视程度并不亚于他们对社会主义的鄙视。但是,俾斯麦模式被许多国家争相效仿。贝弗里奇于1907年访问德国,其目的就是学习这种模式。⑨今天存在于许多欧洲国家的这种福利国家模式,正像民族国家的公民身份中包含的许多内容那样,是在战争中并且在战争的促使下产生的。

俾斯麦在德国创立的制度通常被认为是福利国家的古典形态。但是,德国的福利国家通常与一个由第三部门的群体和组织构成的复杂网络有关,政府机构借助它们的力量来推行福利政策,其目的是帮助它们达到各自的社会目标。在幼儿保育等方面,第三部门的团体几乎垄断了提供服务的机会。德国的非营利部门在福利国家成长的过程中不但没有衰落,反而得到了发展。各个福利国家与第三部门相结合或者是依靠第三部门的程度各不相同。比如,在荷兰,非营利性组织是社会服务的主要提供者,而瑞典则很少利用非营利性组织。在比利时和奥地利则正像在德国一样,有将近一半的社会服务是由非营利性团体提供的。

荷兰政治学家基斯·凡·克斯伯根(Kees van Kersbergen)指

---

* 威廉·亨利·贝弗里奇(1879—1963),出生于印度的英国经济学家。第二次世界大战期间曾制订英国战后福利国家蓝图,提出涉及医疗保健、失业、老年和死亡的社会保险计划,著有《失业:一个工业问题》和《自由社会里的充分就业》。——译者

出:"(围绕福利国家问题展开的)当代讨论的主要洞见之一,就是认识到把社会民主和福利国家等同起来是非常错误的。"⑩他详细考察了基督教民主主义对欧洲大陆福利制度和社会市场发展的影响。基督教民主党派的前身是在两次世界大战之间在德国、荷兰、奥地利以及法国和(程度稍弱的)意大利占据重要地位的天主教党派。天主教工联主义者把社会主义当作自己的敌人,并试图通过强调劳资协同经营制度和阶级调和而按照自己的立场来围剿社会主义。罗纳德·里根于1981年发出的关于"我们已经让政府行使了原来曾经是志愿者担当的那些职能"的抱怨,在欧洲的天主教传统中可以找到更早的共鸣——认为教会、家庭和朋友是社会团结的主要源泉,国家只有在这些制度未能很好地履行其职责时才应当插手。

在了解了福利国家充满难题的历史之后,第三条道路政治应当接受右派对福利国家提出的某些批评。现在这种依赖于自上而下的福利分配制度,从根本上说是很不民主的。它的主要动机是保护和照顾,但是它没有给个人自由留下足够的空间。某些类型的福利机构是官僚化的、脱离群众的、没有效率的,而且,福利救济有可能导致违反设计福利制度之初衷的不合理结果。但是,第三条道路政治并不把这些问题看成是应剔除福利国家的信号,而把它们视为重建福利国家的理由。

财政问题仅仅是福利国家所面临的困难之一。在大多数西方社会中,一定比例的福利开支在过去十年中基本保持着稳定。在英国,直到20世纪70年代末期,福利开支在国内生产总值(Gross Domestic Product,简称GDP)中所占份额在20世纪的大部分时间一直保持着稳定的增长。从那时以后,它一直维持在一个稳定的水平上⑪,虽然总的数字显示出,在福利开支的分配和福利收入的来源上

第四章 社会投资型国家

存在着一些变化。如果我们考虑到几届撒切尔政府都决定削减福利预算，英国在福利预算上的再度提升就更加引人注目了。

教育开支在国内生产总值中所占比例从1975年的6.7%下降到1995年的5.2%。但是，同期的保健服务开支却有所上升。在1975年，保健开支占国内生产总值的比例为3.8%，而到了1995年，这一数字上升到5.7%（尽管仍然低于其他大多数工业化国家）。公共住房开支的削减幅度最大，从1975年的占国内生产总值的4.2%下降到20年后的2.1%。正像别的国家一样，英国在社会保障方面的投入大幅度地增加。在1973—1974年间，社会保障开支占国内生产总值的8.2%，而这一数字在1995—1996年间已经上升到11.4%。社会保障开支在这一时期的实际增长超过了一倍以上。这一增长背后的主要潜在因素是失业率居高不下、有工作的穷人数量增加，以及人口结构的变化，特别是单亲家长和老人总数的增加。

同样的发展趋势影响了所有的福利体系，因为它们都经历了复杂的结构变迁。这些变迁给那些更加大包大揽的福利国家——比如斯堪的纳维亚半岛诸国——带来了根本性的问题。北欧的平等主义具有深刻的历史和文化根源，而不仅仅是"普世主义"的福利国家的产物。公众对高额税收的认可程度高于大多数其他西方国家。但是，尽管北欧国家率先推出了积极劳动力市场政策，但每当失业率上升的时候，正像在芬兰发生的情况那样，福利系统必然会承受额外的压力。就相对规模而论，斯堪的纳维亚半岛各国的福利系统简直就是一个大雇主——特别是妇女的大雇主。但由此产生的一个结果是：北欧各国在就业上的性别隔离（sexual segregation）比大多数其他工业化国家都更为严重。

大幅度增加社会保障方面的开支是新自由主义者攻击福利制度

的主要理由之一,他们认为,这使人们对福利系统产生了普遍的依赖。他们对许多人依赖国家福利生活这一事实的担忧不无道理,但是,我们完全可以采取一种更加复杂的眼光来看待正在发生的这一切。福利处方往往只是次优选择,或者为道德公害(moral hazard)的出现创造了条件。道德公害这个概念在对私人保险中的风险问题的讨论中得到广泛的运用。当人们凭借保险的保障来改变自己的行为,从而重新界定其为之投保的风险时,道德公害就产生了。与其说是某种形式的福利供给创造了依赖性的文化氛围,倒不如说是人们理性地利用了福利制度为他们提供的机会。比如,本来是用来解决失业问题的福利救济,如果它们被人们利用,使之成为逃避劳动力市场的避风港的话,就会在事实上制造出失业。

在瑞典福利制度的背景下从事研究的经济学家阿萨尔·林贝克(Assar Lindbeck)指出,从人道主义的立场出发,国家有义务为受到失业、疾病、残疾或其他福利制度涵盖的风险影响的人们提供慷慨的援助。但这里出现了一个两难困境:国家所提供的福利救济越多,发生道德公害和欺诈的可能性也就越大。他认为,道德公害从长期而论会比短期更甚。这是因为,时间一长,社会习惯就形成了,人们又以此去界定什么是"正常的"。这样,对福利救济的严重依赖就不再被认为是依赖,而变成了"预料中的"行为。这种情况可能导致的结果包括:申请社会救济的人越来越多,越来越多的人借口健康原因不去上班,主动寻找工作机会的人越来越少。[12]

福利制度一经建立,便成为一套具有自身逻辑的自主系统,而不管能否达到设计者期望的目的。一旦发生这种情况,人们的预期就被"锁定"而相关的利益集团就得到保护。例如,那些试图改革本国养老金制度的国家便遭遇到了协同一致的抵抗。人们会提出各

第四章 社会投资型国家

种各样的反对理由：我们应当得到养老金，因为我们"老了"（已经60岁或者65岁了）；我们已经缴纳了应交的税费（虽然它们可能并不足以覆盖养老金开支）；以前的人都得到了养老金；每一个人都会有退休的那一天；诸如此类。但是，这些制度性问题的郁积本身就是需要进行改革的一种征兆，因为福利系统如同其他政府部门一样，需要既积极又负责地回应更广意义上的社会发展趋势。

正是因为存在着一个由福利系统本身创造出来的并且又受其保护的利益集团，福利制度改革不是那么容易实现的。但是，为福利国家制定一份激进的改革纲要却是可以做到的。

正像前面已经指出的那样，福利国家与其说是资源的汇聚点，倒不如说是风险的所在地。使社会政策能够成为社会整合之基础的一个重要条件，是"原本享有特权的阶层发现，在与社会底层的人民一道重新分配风险的过程中，他们有着共同的利益"。⑬但是，福利国家无法及时调整自己的步伐，以便覆盖那些新型的风险，比如与技术变迁、社会排斥或者不断增加的单亲家庭有关的风险。其间的脱节主要有两种：一种是福利所涵盖的风险并不符合需要；另一种是受到福利保护的群体本不应得到保护。

福利改革应当认识到我们在前面关于风险的讨论中已经指出的那些要点：有效的风险管理（不论是个人性质的还是集体性质的管理），并不仅仅意味着减小风险或者保护人们免受风险影响；它还意味着利用风险的积极而富有活力的方面，并为风险承担（risk taking）提供必要的资源。积极的风险承担被认为是企业家行动中的固有因素，但是，我们还应当认识到这也同样适用于劳动力。决定去工作并且放弃福利救济，或者选择某种特殊行业的工作，这些都是承担风险的行动，但是这种风险承担往往对个人和更大的社会都有利。

117　贝弗里奇在他于1942年撰写的《社会保险及相关服务报告》(Report on Social Insurance and Allied Services) 中，公开向匮乏、疾病、无知、肮脏和懒惰宣战，此举使他名气大振。这就是说，他侧重关注的几乎完全是消极的方面。今天，我们应当倡导一种积极的福利 (positive welfare)，公民个人和政府以外的其他机构也为这种福利做出了贡献，而且，它将有助于财富的创造。福利在本质上不是一个经济学的概念，而是一个心理学的概念，它关乎人的幸福。因此，经济上的利益或好处本身几乎从来都不足以创造出幸福。这不仅意味着，福利产生于种种福利国家以外的情景和影响之中，而且还表明，福利制度必须在关注经济利益的同时关注心理利益的培育。我们可以举出一些非常平常的例子，比如，心理咨询有时可能比直接的经济支持更有帮助。

虽然这些命题听起来似乎有些远离福利系统的现实关注，但是，它们与福利改革的每一个方面都具有相关性——或者说，都有助于阐明这些方面所涉及的内容。基本的原则是：在可能的情况下尽量在人力资本上投资，而最好不要直接提供经济资助。为了取代"福利国家"这个概念，我们应当提出"社会投资型国家"(social investment state) 这个概念，这一概念适用于一个推行积极福利政策的社会。

在最近的关于福利问题的文献中，用"福利社会"取代"福利国家"已经成为一个约定的基调。在第三部门的机构还没有充分发

118　挥作用的地方，它们应当在提供福利服务上发挥更大的作用。自上而下分配福利资金的做法应当让位于更加地方化的分配体制。从更一般的意义上讲，我们应当认识到，福利供给的重组应当与积极发展公民社会结合起来。

社会投资战略

由于通常被纳入福利国家这一标题之下的制度和服务是非常庞杂的,我将只讨论社会保障。就此而言,社会投资国家应当确立什么样的目标呢?让我们选择两个基本的领域——为老年人和失业者提供的服务来加以探讨。

谈到老龄化问题,通常在其中展开关于养老金支付问题讨论的范围是有限的,有一种激进的观点建议突破它。大多数发达国家都面临着人口老龄化的问题,而且据说这是一件非常严重的事情,因为养老金可以被比喻为定时炸弹。意大利、德国和日本等国家的养老金投入已经超出了这些国家的负担能力,甚至对合理的经济增长构成了威胁。像英国这样的国家之所以能够在一定程度上避免这一困难,是因为它们积极地缩减了国家的养老金投入。在英国,养老金的发放标准是与平均物价指数而不是平均收入挂钩的。

国家提供适当水平的养老金是非常必要的。支持强制性储蓄也有充分的理由。在英国,按照平均物价指数而不是平均收入水平来确定养老金水平的做法,如果没有其他的法定供给渠道的话,很可能会使许多退休人员陷入穷困潦倒的境地。一位在1998年年满50周岁而到65岁退休的男士,将获得仅仅相当于男性平均收入的10%的养老金。而许多人既没有职业养老金,也没有私人养老金。⑭其他一些国家已经提出了更加有效的策略。现在已经有了许多把国家资金和私人资金结合起来为老年人提供养老金的制度,其中有一些是值得推广的。例如,芬兰实行的养老金制度,就是把国家保障的最低基本收入、与收入挂钩的养老金同法定的私人部门供给结合起来的成功范例。

但是，养老金所涉及的问题并不限于由谁来支付、支付多少，以及通过什么方式来支付等。对这些问题的思考还应当与更深一层的思考结合起来，比如：重新思考老年究竟意味着什么？更大的社会的变化对老人的处境会产生什么样的影响？积极福利在这里，如同在其他情境中一样，也是适用的，因为仅仅考虑经济利益是不够的。老龄问题是一种貌似旧式风险的新型风险。老龄化过程在过去比今天要更加消极，其意味着把逐渐老化的身体视为一种不得不加以接受的事实。而在更加积极的、更具有反思性的社会里，老龄化不论在身体层面还是在心理层面上都已经成为一个更加开放的过程。不仅对个人而言，而且对整个社会而言，进入老年这一事实所带来的机会，至少与它所带来的问题一样多。

在达到退休年龄时才开始发放的养老金，以及"养老金领取者"的概念，都是福利国家的发明。但是，这些概念不仅与新的老龄化现实难以合拍，而且很明显地表现出依赖福利的色彩。它们表现出能力的丧失，而且，从这些概念可以顺理成章地推演出许多退休人士感到失去自尊的原因。当退休制度最初把"老年"定位在60岁或65岁的时候，那时老年人的处境与现在是截然不同的。1900年，一名20岁英国男子的平均预期寿命只有62岁。

我们应当逐步废除固定的退休年龄，而且应当把老年人视为一种资源而不是一种负担。养老金领取者这一概念将会消失，因为它将与相应的养老金分离开来：规定必须到达"有资格领退休金的年龄"才能享受养老金福利是没有什么意义的。人们应当可以自行选择使用这笔资金的时间，这不仅使他们可以在任何年龄上停止工作，而且可以为他们提供教育经费，或者在需要抚育幼儿时减少工作时间。⑮如果个人既可以选择提早停止工作，也可以选择多工作一段时间，那么废除强制性退休对劳动力市场的影响就将是中性的。如果一个国家已经透支了对未来的许诺，那么这些规定将无法改善养老金的支付状况，在公共投入和私人投入之间应达到什么样的平衡也将无法确定。但是，可以看出在养老金问题上的确还存在创新性思维的空间。

一个社会如果把老年人归入到退休者的贫民窟中，从而把他们同社会中的大多数人隔离开来，那么它就不是一个包容性的社会。哲学保守主义在这里也是适用的：老年不应当被看成是一个只享受权利而不承担责任的阶段。柏克曾经有过这么一段著名的评论："社会是一种伙伴关系，这不仅意味着活着的人之间是伙伴关系，而且意味着活着的人、死去的人以及尚未出生的人之间也是伙伴关系。"⑯在一种相对比较世俗的情景中，集体性养老基金这一制度构想，正是以这样一种伙伴关系为前提的，这种制度将成为代际沟通的渠道。但是，代际间的契约显然应当比它更为深入。年轻的一代应当把年长者当作他们的模范，而年长者则应当认为自己是为年轻人服务的。⑰在一个已经不存在差序格局并且已经不再把年龄视为智慧的标志的社会中，这些目标是否还具有现实性呢？有好几个因素决定了它们可以是现实的："老年期"已经变得越来越长；老年人在总人口中所占比例越来越大，因此老年人也越来越成为社会中的一股不可忽视的力量；最后，老年人越来越多地参与工作和社区活动，这使得他们有更多的机会与年轻人建立联系。

衰弱的老人——需要有人不间断地加以照顾的老人——的情况引发了更加复杂的问题。在今天的英国，85岁以上老年人的人数是1900年的20倍。与二三十年以前的同龄人相比，今天的"年轻点儿的老人"的生活境况已经有了明显的改观。"年长些的老人"则面临着不同的情况,其中有些人没有充足的经济来源。[18] 为衰弱的老人提供什么样的共同资源,不是一个简单的理性计算的问题。在这里,我们必须面对各种各样的问题,其中包括非常基本的伦理问题,虽然这些问题已经超出了本书的讨论范围。

那么,失业问题又如何呢?充分就业的目标还具有意义吗?在就业与取消对劳动力市场的管制之间,是否像新自由主义者所说的那样,存在着一种直接的交易平衡关系?是否确实存在着一种与美国的"工作奇迹"(jobs miracle)形成鲜明对照的"欧洲硬化症"(Eurosclerosis)呢?我们首先应当指出,把"美国模式"和"欧洲模式"作简单的类比是不可能的。正像经济学家斯蒂芬·尼克尔(Stephen Nickell)所指出的那样,欧洲的劳动力市场呈现出多样化的特性。在1983—1996年这一段时期,经济合作与发展组织各成员国的失业率差别很大,从瑞士的1.8%到西班牙的20%。在经合组织各国中,有30%的国家这一时期的失业率低于美国。而且,其中失业率最低的国家(比如奥地利、葡萄牙和挪威)并不是因为它们对劳动力市场的管制最少。对劳动力市场的严格管制,比如严格的就业立法,并不会对失业造成强烈的影响。较高的失业率与慷慨而(最终是)无限制地发放救济金,与劳动力市场末端的低教育水准——排斥性的一种现象——有着直接的关联。[19]

第三条道路在这一问题上的立场应当是:推行取消管制的政策不是解决失业问题的有效措施,福利支出应当维持在欧洲的水准上而不是向美国看齐;但是,应当把这些支出主要引向人力资源的投资上。如果福利制度诱发了道德公害,那么这种制度理应得到改革;同时,新的承担风险的态度应当得到鼓励。这种鼓励在可能的情况

第四章 社会投资型国家

下可以通过设立激励机制来实现,在必要的时候也可以通过设定法律义务的方式来实现。

行文至此,我们有必要简要评论一下"荷兰模式",这种模式有时被认为是使社会民主制度成功地适应于新的社会条件和经济条件的一个范例。大约 16 年以前,这个国家的各个主要工会在瓦森纳(Wassenaar)缔结了一项协议,一致同意用调整工资来换取日渐减少的劳动时间。结果,劳动力成本在过去 10 年间下降了 30%,国家的经济却获得了迅猛的发展。而且,这种发展是在 1997 年失业率低于 6% 的水平上取得的。

但是,如仔细观察的话,我们就会发现,至少在工作机会的创造和福利改革方面,荷兰模式并不像表面上看起来那样富有吸引力。在荷兰,许多在其他国家被算作失业的人,是依靠伤残救济金生活的。在这个国家,被登记为不适合工作的人数多于官方公布的失业人数。目前,该国 15—64 岁人口中从事全日制工作的比例只有 51%,低于 1970 年的 60%,更低于 67% 这一欧洲平均水平。在过去 10 年新创造的工作机会中,90% 都是兼职工作。荷兰的社会保障支出与国民收入之比居欧洲各国之冠,而且,该国的福利系统正承受着十分巨大的压力。[20]

创造工作机会的战略和设计劳动力市场之未来的战略,必须面对新的紧迫的经济局势。就对商品和服务的需求标准而言,公司和消费者都越来越趋向于在世界范围来开展自己的活动。消费者是在世界范围内购物的,也就是说,商品的分布是全球性的。因此,"最佳"商品或服务与它们的产地之间已经没有了种属性的关联。达到最佳标准的压力也日益施加于劳动力身上。在某些情境下,这种压力会深化社会排斥的过程。分化将不仅存在于体力劳动者与脑力劳动者之间或高技术劳动与低技术劳动之间,而且存在于其思维局限于本地的人和更加放眼世界的人之间。

对人力资源的投资,是主要经济部门中的企业所拥有的最主要的缩小社会差距的资源。在美国开展的一项研究比较了不同工业门类中的 700 家大型企业。其结果显示,即使是在人力资源投资指数上的一点微弱变化,也有可能使股东增加 41 000 美元的回报。[21]商业分析专家罗莎贝斯·M.坎特(Rosabeth M. Kanter)指出了政府政策有助于创造工作机会的五个主要领域。应当支持事关小企业启动和技术创新的企业家主动性。许多国家,特别是欧洲的许多国家,仍然过于依赖已经站稳脚跟的经济机构(包括公共部门)在提供就业机会方面的作用。在一个"消费者为生产者而购物"的世界上,如果缺乏由创业实施保障的新思维,就会缺乏竞争机制。创业是工作的直接来源,它还推动着技术发展,并且在过渡时期为人们提供自己经营的机会。政府的政策可以为企业家提供直接的支持,其方式既可以是帮助创造风险投资,也可以是通过重新调整福利制度来保障陷入困境的企业的利益,比如允许企业两年或三年交一次税,而不一定非得每年都交税。

政府需要强调终身教育,以便能提出一些配套的教育项目,使人们在童年时期就可以开始受教育,而且这种受教育的过程可以一直持续到老年时期。虽然特殊技能的培训是必要的,但更为重要的是认知和情感能力的培养。政策的取向,不是要让人依赖无条件的福利,而是要鼓励储蓄以及对教育资源以及其他个人投资机会的利用。

公共的项目伙伴关系(public project partnership)能够使私营企业在原本由政府提供的各类活动中发挥更大的作用,同时又保证公共利益是至高无上的。相应地，公共部门也可以提供帮助企业繁荣的资源，如果没有这些资源合作项目就会失败。康特尔指出，在美国，劳动福利规划常常因为交通问题碰钉子。一些公司虽然提供了就业机会，但是，由于缺乏适当的交通工具，人们并不能去就业。

无论是设立统一的教育标准，还是具有灵活性的养老权利，政府的政策都能够增强流动性。比如说，更高程度地协调教育实践和教育标准，对国际劳动力（cosmopolitan labour force）来说，就是值得企盼的。某些全球性的大公司现在已经有了招聘人员的统一标准，但是政府需要走在前头。至于其他领域，协调性也并非教育多样化的大敌，甚至相反，还可以成为教育多样化得以持续的条件。

最后，政府应该鼓励有利于家庭的工作环境政策。这也可以通过公私合作来实现。比如，就如公司的情形一样，在儿童照料的程度方面，各个国家的差异是很大的。不仅是照料儿童，在其他如电子通信、公休日工作等领域的就业机会，也都可以帮助人们在工作与家庭生活两者之间寻求和谐。企业越是重视人力资源，就越会在能否营造最佳的、家庭般亲密的工作环境上展开竞争。政府如帮助企业实现这个目标，就也会吸引企业对自身内部投资。㉒

这样一些策略，能在通常意义上产生出充分就业（有足够多的好工作在那里等着每个想得到它的人）吗？没人知道答案，但似乎是不能。在西方经济中，全日制或长期性的工作的比例正在减少。如果我们比较的不是职位的数目（number of jobs）而是劳动的时间（hour of work），那么，我们就会发现，英美式的"充分就业型经济"与德法式的"高失业型经济"之间的区别，不是那么泾渭分明。在1986—1996年这十年期间，德国和美国新增了同样多的稳定而报酬尚佳的熟练工作，都增长了2.6%。同一时期德国的劳动生产率增

长了一倍,而美国却仅仅提高了四分之一。㉓

既然没有人敢说全球资本主义将来能否创造出充足的工作机会,那么以为它真能做到这一点并因此朝着这个方向努力,就是愚蠢的。在对生产不起副作用的情况下,对工作的"积极的再分配"是否可能呢?如果局限在政府所规定的工作周时间以内考虑问题,就大概是不可能的。因为这种框架内的困难我们已经很熟悉了。但是,如果从更广的情境中思考,我们甚至不必提出"工作的再分配是否可能"这样的问题,因为它已经在更广的范围内发生了,问题只是如何培育它的积极方面。一个常常被提到的实验是惠普公司(Hewlett Packard)在格勒诺布尔的工厂做的。这个工厂一周七天都24小时开工,雇员们每周的平均工作时间只有30小时,但是他们得到的工资却相当于他们干了37.5小时。劳动生产率在这里有了持续性的提高。㉔

既然公民文化的复兴是"第三条道路"政治的一项基本抱负,那么政府积极介入社会经济就是有意义的。实际上,如果考虑到充分就业难题的话,已经有人把这样一种选择以尖锐的方式摆在了我们的面前:要么更多地参与到社会经济中,要么就得面对"违法文化"(outlaw cultures)的不断增长。可供选择的解决办法是非常多的,包括前面提到过的"时间货币"项目和隐性工资制度(shadow wages,即在社会经济领域里按小时计算税收)。正像欧洲各地的大量研究所表明的那样,"越来越多的人正在寻找有意义的工作以及在工作之外对社会做贡献的机会。如果社会能够尊重和奖励这种奉献并将它摆在与有报酬的就业一样的位置上,它将同时创造个人认同和社会凝聚力。"㉕

总之,一个积极改革的福利国家——积极福利社会中的社会投资型国家——应当是什么样的呢?被理解为"积极福利"的福利开支将不再是完全由政府来创造和分配,而是由政府与其他机构(包括企业)一起通过合作来提供。这里的福利社会不仅是国家,它还延伸到国家之上和国家之下。比如,对污染的控制从来都不单单是中央政府的事,但这件事无疑是与福利直接相关的。在积极的福利社会中,个人与政府之间的契约发生了转变,因为自主与自我发展——这些都是扩大个人责任范围的中介——将成为重中之重。这种基本意义上的福利不仅关注富人,而且关注穷人。

积极福利的思想将把贝弗里奇提出的每一个消极的概念都置换为积极的:变匮乏为自主,变疾病为积极的健康,变无知为一生中不断持续的教育,变悲惨为幸福,变懒惰为创造。

第五章　迈向全球化的时代

129　　社会民主主义者应当在这个全球化的世界上为国家寻找到一种新的角色定位。正在形成的世界秩序不可能仅仅作为一个"纯粹的市场"来维系自身的存在。市场在整合为一体的同时也分化为碎片：这是一个有着 1000 个城市国家（city-state）的世界，人们预言，其中的一些是不稳定而危险的。作为一种稳定性的力量，作为对不断碎片化（fragmentation）过程的抗衡，重申民族国家的作用是非常重要的。认同与归属显然有着潜在的差异。到底能否将对一个民族的从属视为一种良性力量？毕竟，民族国家与民族主义具有两面性，民族提供了一种公民的整合机制，但民族主义可以变得十分好战，民族主义者的狂热在过去一个半世纪中已经导致了许多毁灭性的冲突。

　　民族主义中那些容易导致纠纷的因素当然并不会消失。但是，我们需要不断加以完善的是一种更加具有世界主义色彩的民族观。

130　这种世界主义是消弭各个民族国家之间爆发大规模战争可能性的理由和条件。"强国"曾经是为战争做好最充分准备的国家。今天，这个词的含义必须发生改变：一个有足够自信的国家，接受对主权的新限制。

第五章　迈向全球化的时代

世界性国家

民族国家的形成始于它们发展出明确的"边界"(border)，以取代更传统的国家所特有的那种模糊的"边疆"(frontier)。边界是在地图上画出的精确界线，而且任何侵犯边界的行为都被看成是对国家主权完整性的一种损害。现在，国家再一次拥有边疆而不是边界，但其中的原因却与过去不同。早期的国家拥有边疆是因为它们缺乏足够的政治机器；它们无法使国家的权威直抵远离政治中心的边远地区。当代国家的边界之所以逐渐又演变为边疆，是因为它们与其他地区的联系越来越紧密，而且，它们越来越多地参与到与各种跨国集团的交往之中。欧盟是这方面的一个典型，但边界的弱化也同样发生在世界上的其他地方。

直到民族认同能够宽容地对待矛盾的心理或多样化的关系的时候，它方可成为一种能够发挥良性影响的因素。同时作为英格兰人、不列颠人和欧洲人并且拥有某种世界公民的整体感的个体公民，有可能会把上述身份中的某一种作为自己的主要归属，但这并不会妨碍他们承认其他的身份。排外式的民族主义则正好相反：民族是"单一的、不可分割的"。这种民族主义具有文化保护主义的特点，它认为自己的民族拥有一种"天命"，其不仅使自己有别于其他民族，而且也使自己优于其他民族。但是，各个民族其实并没有什么天命，而且所有民族都毫无例外地是"混血民族"。从其本性上讲，民族不是某种给定的一成不变的实体，而且，不论它们与某些早期的族群共同体有着多么悠远的联系，各个现代民族都产生于相对而言较为晚近的历史中。它们都是由多样化的文化碎片重新整合而成的。

在政治哲学家戴维·米勒（David Miller）关于民族主义的著作中，他摆出了同两种广为散布的关于民族和民主主义的左派观点进行论战的架势。第一种观点认为，民族和民族主义基本上是一种感情或情绪的产物，缺乏理性的内涵。第二种观点则认为，民族主义从本质上讲是政治右翼的一种教条，其对左派价值抱着敌视的态度。米勒指出，那些坚持这两种观点的人把民族主义看成了铁板一块，而实际上，我们很容易就可以看到，民族主义其实具有各种不同的形式。"民族性的原则"有赖于一系列主张。民族认同是个人认同的一种有效资源；将作为某一民族的一员视作自我认同要素的个人，不会承受错位的痛苦。对他们来说，以自己归属于某一民族来保护自己的个人认同，以对抗那些可能会威胁到自己的力量，在道德上是有理的。民族是道德的共同体，置身于其中的人对其他成员负有某种特殊的义务，而他们对本民族之外的其他人则不必负有这种义务。民族是一个自我决策的中心：民族应当发展演变成国家结构，在其中公民得以就具有普遍重要性的事务自行做出决定。

由于某些其他特殊的性质，民族以一种特别的力量把这三者结合到一起：

> 民族不是志愿性的组织，而是其大多数成员均生于斯、长于斯、终老于斯的共同体，这样，我们就与我们的同胞一起被捆绑到这样一个命运的共同体中；而且，这些共同体……还认为自身是在历史中不断延续的，所以，我们不仅对当代人负有义务，而且对过去和未来的成员也负有义务……当我们试图铸造能够包容多元主义和当代文化的易变性的民族认同时，我们也

必须坚持民族性的原则。①

但是,这一切是如何发生的呢?民族的观念能够与族群和多元文化主义兼容吗?在回答这个问题时,保守的民族主义认为"一元的民族"必须占据至高无上的地位:"单一的民族"是从过去继承下来的,而且必须得到严格的保护,使之免受文化污染。正像一名右翼作家所指出的那样,民族共同体的代价就是"圣洁、偏狭、排外以及这样的一种感受:生命的意义取决于服从以及对敌人的警惕"②。

自由放任论者所持的激进多元文化主义以及某些左派人士的观点则完全不同,他们不惜一切代价地坚持多元文化主义,以此来拓宽社会团结的范围。根据这种观点,民族认同并不具有高于其他文化主张的优先权。实际上,民族认同经常被认为是来历不明和人为建构的,并且服务于统治集团的利益。

多元文化主义

现在我们已经非常清楚的是,特殊的群体关系不一定会损害民族认同。个人和集体所拥有的许多忠诚感——比如对其邻里或宗教的忠诚感——都不一定会同民族归属相冲突。由于其内聚性,族群认同以及某种情况下的宗教认同造成了最大的难题。但是,当涉及这些群体之时,彻底多元文化主义的主张很有误导性。族群认同也是社会建构的结果,在这一点上它丝毫也不亚于民族认同。所有的族群认同在某种程度上都是运用权力的结果,并且是从多样化的文化资源中创造出来的。在族群的领域,正像在民族主义的领域中一样,不存在所谓的纯种。而且,彻底的多元文化主义恰好假定了那种它假装要摒弃的民族共同体的存在。多元文化主义政治的意图完全是值得赞扬的：反对剥削被压迫群体。但是，如果缺乏广泛的民族共同体的支持，或者缺乏一种超越于任何特定群体的主张或不满之上的社会正义感，这一意图是无法实现的。人们"对大多数人的公平感的依赖程度远远超出多元文化主义者的理解，而且，如果提出公平需求的群体拒绝认同他们所属的、有更多的人在其中的共同体，这种公平感就很容易大大降低"。③

当然，人们可以认为目前的社会趋势削弱了建构世界性民族的可能性。我们在上文中提到过的碎片化难道不正是当前的现实吗？这种碎片化一方面伴随着民族认同在族群部落文化的冲击下的土崩瓦解，另一方面也伴随着区域性的国家分裂。在欧洲，南斯拉夫和捷克斯洛伐克已经分裂。谁知道比利时能否保持统一，意大利北部是否会同南部分离，或者巴斯克人是否会单独组成一个国家呢？

但是，碎片化并不能概括当前的所有趋势。在德国，原来的两个国家现在已经统一为一个国家，而同样的情况最终也有可能发生在朝鲜半岛。"部落文化"在某些地区和背景中正在逐渐衰落而不是增强。比如，北爱尔兰的种族冲突在欧洲是非常特殊的现象，而且，就在本人写作本书的同时，一种有可能解决这一问题的法律方案已经呼之欲出。

世界性民族是一个正在发展中的民族；但是民族建构（nation building）在我们这一代必须具有与以往不同的含义，以往它是"现实主义"国际关系体系的一个组成部分。在过去，民族在很大程度上是在与其他民族对抗的过程中建构起来的。正像琳达·科利（Linda Colley）已经指出的那样，就英国的情况而言，主要是对天主教法国的敌视。④ 今天，民族认同必须在一种合作的环境下维持自身，在这样一种环境中，它们不再像过去那样具有高度的内聚性，而其他类型的忠诚也可以与之并存。这意味着，就像在社会的其他领域一样，民族认同的建构更具开放性和反思性；其标示出了民族及其价值取向的独特性，但并不如过去那样视民族为理所当然。

随着边界变得越来越模糊，而对地方自主的要求则越来越迫切，老式的民族认同不得不接受重构。"我们是谁？"这样的问题变得越来越令人莫名其妙，但仍然非常需要一个能够自圆其说的答案。"不列颠民族性"（Britishness）便是这样的一个令人困惑的概念。正像政治思想家伯纳德·克里克（Bernard Crick）所评论的那样："我是一个没有通用国名的国家的公民。"⑤许多人在说"英格兰"时实际上指的是"不列颠"，而有时则正好相反。严格地讲，"不列颠"与"大不列颠"（包括英格兰、苏格兰和威尔士）并不是一回事，而且也不同于"联合王国"（包括大不列颠和北爱尔兰）。权力下放将强化苏格兰和威尔士的民族感，实际上苏格兰很可能会要求完全的独立。如果解决北爱尔兰问题的法律措施产生了作用，那么北爱尔兰将同爱尔兰和英国两方同时保持政治上的联系。问题的复杂性还不止于此：英国有着大量的种族和移民来的少数族裔，从某种意义上讲，这是它的殖民主义历史的遗迹。这种严重的异质性将挫败所有重新塑造一种具有包容性的民族认同的努力，但其本身却并非是一种障碍。毋宁说，它恰好体现了"世界性民族"这一含义的重要组成部分。

移民是许多国家都面临的一个重要问题。美国从一开始就是一个移民社会。而欧洲国家现在也比二十年以前拥有更多的异族人口。比如，德国实际上也是一个移民国家，尽管名义上并非如此。它的人口结构在很短的时间里发生了急剧变化。1990年来到德国的移民是来到法国的移民人数的4倍，并且是来到英国的移民人数的8倍。德国在1995年接收了110万移民，而同一年移民到美国的人数则只有72万。⑥

移民问题向来都是滋生种族主义的肥沃土壤，尽管世界各地的研究都表明移民往往可以给接受国带来许多好处。移民往往渴望工作，而且通常都比当地人更加勤奋。他们都希望过上幸福的生活，在营造这种生活的过程中，他们成为消费者，由此创造而不是侵占了工作机会。正是可能导致憎恨或仇视的文化差异，对社会起到了一种普遍的激励作用。

那些为了开放边境而在1985年《申根协定》（Schengen Agreement）上签字的国家，正在呼吁拥有"对外边界"的欧盟成员国要更严格地巡查这些边界。1998年6月，法国向其与意大利之间的边境线上增派了警力，目的是阻止库尔德难民入境。德国也要求在意大利境内设置沿路边检站；它还对其与波兰之间的边界加强了控制。纵然如此，《申根协定》还是造成了来自南斯拉夫以及后来来自阿尔巴尼亚的逃亡者的大批涌入。

世界主义和多元文化主义围绕着移民问题而产生了融合。对于一个处在某种全球化秩序中的多元文化社会而言，世界性的视角是它的一个必要条件。世界性民族主义是与这种秩序相一致的民族认同的唯一形式。德国甚至比大多数其他欧洲国家还要更为紧迫地面临着被迫对其民族认同进行重新审视的问题。它是唯一的一个在现实中被两极世界一分为二的社会。在欧盟所有平等的成员国中，德国是第一个向欧盟让渡一定程度的经济和文化自主权的，但是在这样做的同时，这个国家也必须像欧洲的其他国家一样塑造一种新的认同。

德国是在欧洲背景之下世界性民族主义的一个试金石,因为这个国家以官方形式否认了它的多元文化主义。目前,入籍是建立在血统而非出生地的基础之上的。出生于德国的数代移民后裔仍保留着外国人的身份,而那些出生在其他国家的具有德国血统的人,却可以要求取得德国的公民资格。在实现世界性的认同之前,需要修改国籍法和实现较大的文化转型。一个世界性的民族需要具备约束所有人的某些价值和公民乐于接受的某种认同,但是,它也必须承认不确定性和文化的多元性。

一种温和的、世界性的民族主义是否可能真正实现呢?就先前所谈论到的其他国家而言,这只能是一种理想罢了。但是,如果全球秩序的性质是不断变化的,那么这一理想就不会距离现实太远了。英国国内关于"冷傲的大不列颠"(Cool Britannia),以及"重新烙上标记的不列颠"(Rebranding Britain)的谈论,无论有多么愚蠢,都表明了对于民族认同在与其他认同进行交流的过程中需要得到积极塑造的一种认识。

根据"现实主义"的理论,自私地追求其自身利益的各个民族与权力集团,是世界舞台上的权力裁判者。但这明显是一种自定义的理论。以这一方式来进行思考的各个国家的领导人,也将以这一方式来展开行动。两极时代的终结,连同全球化所带来的冲击,从根本上改变了国家主权的性质。应当强调的是,全球化与国际化并不是一回事。它不仅关系到各个国家之间更为紧密的联系,而且还关乎各种进程,例如打破各个民族界限的全球性公民社会的出现。那些面临风险与危机而不是敌人的国家,不需要以现实主义者的眼光来看待这个世界——"现实主义"是一个错误的术语,因为它所涉及的信念日趋陈旧。

世界性民主

新兴的民主国家和世界性民族与一个更为宽阔的、再也不能被视为仅仅是"对外的"政治舞台有着密切的联系。世界性民族，意味着在全球化的层面上进行运作和世界性的民主。⑦现在，这一类的问题通常与关于国内政治，甚至区域政治的各种讨论，保持着相当程度的分离。有人说，世界的其他地区距离我们是那样遥远，而我们自己后院里的麻烦就已经够多的了，关于超越民族国家层面之上的民主的观念，只是一种不切实际的乌托邦罢了。在学术讨论中，"国际关系"学的存在早就已经将这种分离在形式上确定了下来，这一学科的研究领域恰恰正是"对外的舞台"。不过，在全球化秩序中，这样的区分是不具有什么意义的。

有人说，世界正在从全球性统理出发不断地后退，而不是沿着这一方向继续向前，两极世界被打破带来的是一种混乱状态，而不是相互依赖性的加强。虽然承认"全球性的混乱可以避免"，但记者罗伯特·哈维（Robert Harvey）仍坚持说，"随着千年的结束，……全球性混乱、甚至无政府状态的种子……正在被播撒"⑧。法国思想家阿兰·明克（Alain Minc）也曾经同样谈到过一个以充满大量矛盾、仇视和处于权力真空的灰色地带为特征的新的中世纪的复辟。⑨

不过，上面的这些阐释与其说是对这个世界本来面貌的描述——它们事实上至今尚未如此——倒毋宁被视为一些非理想化状态，即现存各种实在的可能性的悲惨一面。可以想想，例如，战争所带来的冲击。在过去几百年之中死于战场的人，比先前的任何世纪都要多得多。如果将平民的死亡率包括进去的话，全世界在战争中死亡的人口比例比过去的任何时期都要高。大约有 1000 万人在第一次世界大战中死于作战，此外战争还直接或间接地导致了数以百万计的人的死亡。在第二次世界大战中平民伤亡的人数比例还要更高：在死亡的 5000 万人中，士兵不足半数。据估计，另外还有 5000 万人在自 1945 年到现在所发生的其他武装冲突中丧生。新近在波斯尼亚和卢旺达发生的流血事件又使受害者人数增加了 100 万。⑩

这些最近发生的骇人听闻的暴力事件，显示了战争模式的变化，这种变化是与早期民族国家之间所爆发的地区战争不同的。除了意外事故，在两极时代里，大规模战争已经很明显地过时了。核武器的发明所改变的是克劳塞维茨（Clausewitz）定理，即战争不再是外交的最后手段，相反地，阻止战争成为外交压倒一切的目标，至少在核冲突的意义上是如此。米哈伊尔·戈尔巴乔夫（Mikhail Gorbachev）之所以提出应当停止军备竞赛，就是因为他明确地认识到战争已经过时，而远不仅仅是出于他自己单方面的考虑。⑪

关于在未来发生国与国之间的大规模战争的可能性已大为降低的说法之所以不再是幻想，还有其他的几个原因。世界已经不再被划分为两大军事力量集团。国家之间的边界几乎无处不是由国际上的一致意见来加以确定或达成一致的。在一个信息时代里，地域对于民族国家的意义已经不再像过去那样重要了。知识和竞争能力比自然资源更具有价值，并且主权也逐渐变得更加模糊，或者变得多样化。民主正在变得更为广泛，并且，在关于民主并不会与战争同行的观念中，确实隐含着真理。而最终，整个世界比从前的任何时候——包括 19 世纪末的那段时期——都更加紧密地相互连接在一起。

在这样的背景之下，将国内问题与全球性统理相联系就不再是乌托邦了，因为二者已经在实践中紧密地联系了起来。在市场的波动和技术创新的动力之下，在全球层面上运作的合作性组织在数量上已经有了很大的增长。例如，20世纪初，大约有20个政府间国际组织，以及180个跨国的非政府组织。而到了今天，前者的数目已经达到300个以上，后者的数目将近5000个。全球性统理已经出现，并且全球性的公民社会也已经出现。⑫

世界主义有"自下而上"的几种主要形式。各种团体——例如绿色和平组织、"大赦国际"——总体上追求的是那些与人道有关的目标。例如，"大赦国际"遵循"严格的公正与独立"原则，以保证其成员国不会卷入它们本国的案子。非政府间组织采纳了集中的呼吁，召集了一连串的高峰会议，其中最重大的一次会议是1995年在北京召开的，与会代表达到了5万人之多。

全球化进程使权力从各个国家转移到了非政治化的全球领域。但是，正像其他任何社会环境一样——或者，由于其更大的普遍重要性而更有甚者——这一新领域仍然需要规则，即权利和义务的设置："哪里有社会，哪里就应当有法律。"（"ubi societas，ibi ius."⑬）

目前，在区域统理和全球统理之间存在着某种区分。在区域层面，尤其是在欧盟、北美自由贸易区（North American Free Trade Agreement，简称NAFTA）和其他一些集团的形成过程中，相互合作在具有广泛影响力的各个机构中得到了增进。除了欧盟，还有非洲统一组织（Organization of African Unity，简称OAU）、东南亚国家联盟（Association of Southeast Asian Nations，简称ASEAN）、阿拉伯国家联盟（League of Arab States，简称LAS）、加勒比共同体（Carribean Community，简称CARICOM）以及南方共同市场（Mercado Común del Sur，简称MERCOSUR）。它们都是那些从前存在着分离与冲突的各个国家之间社会与经济协作的实例。而另一方面，在真正的世界层面，现有的各个机构仍然是政府间的，它们的运作建立在各个国家达成协定的基础之上，它们几乎没有权力介入这些国家。正像那些与贸易和经济交流有关的团体（如世界贸易组织、关贸总协定、国际货币基金组织，以及世界银行等）一样，联合国也明显地是国家间的一个联合体。

欧洲联盟

欧洲联盟一开始是作为两极世界的一个组成部分而出现的，但在今天，它应当被看成是对全球化进程的一种呼应。真正重要的不是它界定了"欧洲"这样一个实体，而是它发展出了一套既超越于民族国家之上又直接下及个人的社会、政治和经济制度。欧盟是通过欧洲各国中央政府的合作而创立起来的，但它却远远不只是一个区域性的国际组织。当然，欧盟也有自己的问题。曾经有人就这样说过，如果它自己申请加入自己的话，恐怕会被拒之门外，因为它不够民主。但是，即使就它目前这个样子来说，它仍然是一种值得推广的模式，而且，它还可以直接在推广这一模式的过程中发挥作用。

正当欧盟在其公民的生活中变得越来越重要的时候，它也正在失去广泛的群众支持。它直接促成了75%的跨成员国的经济立法以及50%的各成员国国内立法。但是，调查结果却表明大多数成员国对欧盟的热情已经不比从前了，只有两三个成员国的情况与此相反。人们通常给出的理由是说欧盟缺乏民主，并且远离普通百姓日常关注的问题。但是，从全球化的背景中来看，并假设欧盟已经更能回应公民的日常关注点，我们就会看到，欧盟的政治角色同它的经济角色一样都是非常重要的，因为在这方面，它已经领先于其他世界组织。它是一种不属于任何传统模式的开风气之先的统理形式。欧盟成员国具有强大的动力驱使其在欧洲内外都像世界性国家那样来行动。

143 　　荷兰工党 1994 年《竞选纲领》的起草人若斯·德伯斯（Jos de Beus）认为社会民主主义者在考察欧盟之未来时应当避免三个陷阱：

- 压力型思维模式：全球化意味着欧盟必须屈从于更广阔的世界的压力，而不是尽力独立地影响它；
- 希望型思维模式：一体化市场、欧元和欧洲中央银行将自动地推进社会民主主义理想；
- 世界末日型思维模式：欧盟是社会民主的大敌，因此，社会民主主义者的目标应当是使权力回到各个民族国家手中。⑭

　　德伯斯认为欧盟的未来是开放性的，这非常正确。在冷战期间，欧盟在民主制度方面的局限性尚不构成妨碍它发展的一个严重障碍。各国中央政府"先在布鲁塞尔"协商通过的决定而后得到了选民的承认。而到了 20 世纪 90 年代，这种先斩后奏的情况已经站不住脚了。正如许多人所建议的那样，应当赋予欧洲议会（European Parliament，简称 EP）以更大的权力，而把这种权力同国际性的政党组织结合起来。跨国的政党联盟很可能会变得更加强大。在目前，欧洲议会被抨击为"第二位的国内竞选"，而不是"欧洲的选举"。来自不同欧盟国家的民意调查表明，正是因为欧洲议会的选举明显缺乏真正的重要性，民众都不愿意参加投票。

　　拟议中的中欧和东欧国家的加盟显然是一次重大的挑战。排队

144 等候尽早加入欧盟的国家包括捷克共和国、爱沙尼亚、匈牙利、波兰和斯洛文尼亚。另外五个国家（保加利亚、罗马尼亚、斯洛伐克、拉脱维亚和立陶宛）已经开始调动资源以准备加入欧盟。这些国家

的国内生产总值大多只有欧盟各国目前平均水平的三分之一或更少。而且，它们几乎无一例外地都在为引进自由民主制度和市场原则而奋斗。即使是那些最为轻松地完成这种转型的国家（比如捷克共和国和波兰），也正面临着政治和经济两方面的问题。

"扩充"所必然导致的那些张力可能会引起整个欧洲一体化规划的崩溃。但是，扩充也可能有助于欧盟获得推动其结构调整进程的新生力量。正像我在上文中已经提到过的那样，一个不民主的组织将民主标准置于新成员身上，这恐怕不只是有些反讽味道而已。中欧和东欧国家的加入有可能成为促进欧盟民主化进程和改造欧盟机构的一种良性刺激。"如果欧盟的扩充要获得成功，它就必须重视社会和文化认同、不同的使命和合法性方式，以及由此所引起的整个欧洲范围内的疑虑等复杂而又棘手的问题。"⑮

全球统理结构

欧盟的机构设置在未来几年里是否会发生重大的变化，这一点我们并不知道。欧盟内部的权力分配可能需要根据我们刚才提出的那些问题而进行重大的调整。但是，同样有可能的是，一个规模更加宏大的全球统理系统具备与欧盟已经拥有的这种结构相同的形式结构：一个代议机构（议会）、一个行政机构（委员会）、一个政府间组织（理事会）以及联盟的司法系统（法院）。当然，全球层次上的这样一种机构在地位和职能上可能都不同于现存的此类机构。但是，从原则上讲，我们不难看出它们可能会怎样朝这个方向发展。比如说，世界贸易组织、国际货币基金组织和世界银行可以合并成一个单一的机构，而现在的联合国则可以划分为一个议会和一个理事会。经济合作与发展组织甚至可能成为迈向一种更加普世化的世界秩序的桥头堡，只要它吸收了欧盟并把欧盟已经拥有的那些权力扩展到其他成员国。对于第三世界国家来说，这可能是一项非常重要的进步，因为经合组织将不再是一个排外的俱乐部，而成为一个将其成员资格向所有合格国家开放的组织。

在过去几年里，建立一个新的大会或议会来作为联合国之补充的设想在世界范围内引起了激烈的讨论。⑯欧盟为如何建立这样一个代议机构提供了一个可资借鉴的样本。根据《联合国宪章》第22条，它一开始可以被建成一个联合国大会的附设机构。各成员国的议会可以首先向这个机构选派代表，这些代表将向一个直接选举产生的大会提出议案。选举制度可以参照欧洲议会的相关制度，每一个国家选派代表的名额根据其人口数量来确定，而为小国特别设立一种校正制度。⑰

一个高效率的法院的设立应当是与世界大会的组建相配套的关键步骤。国际法院仍然继续体现着一种政府间的法律的概念，尽管存在着这样的事实：纽伦堡战犯审判庭和东京战犯审判庭实际上已经确立了一种针对个人及其国家的司法管辖权原则。专为调查和指控在前南斯拉夫发生的、违反国际人权法的行为而设立的特别法庭也享有类似的权力。它可能而且应当构成一道通向世界性法律框架的桥梁，其中的基本问题在于国际法院的管辖权应当普遍地延伸到国家与其公民的关系之上。大多数国家在1998年都支持组建一个国际刑事法院的事实就是这样一个信号，它表明世界各国在这些需要上已经逐渐形成了一种基本的共识。

这些建议能够行得通吗？以代议机构为特征的世界性民主会碰到在国家层次上经常面临的冷淡或敌视吗？就第二个问题而言，我们需要再次强调双向的权力扩散。世界性的民主不只意味着管理权逐渐向全球层次的集中，也意味着权力向各个地区向下的扩散。那些对这种可能性表示怀疑的人可以看看欧盟已经取得的那些成果。仅仅半个世纪以前，欧洲还处在一种精疲力尽的状态之中，面临着如何从欧洲各国之间长期存在的紧张关系所导致的战争中恢复过来的问题。但是，这些国家携起手来创建了一套新的跨国权力体系和权力下放制度，将本国主权中的某些内容集中起来，并且建立了高效率的法院。更有甚者，它们所做到的这些事情不只是发端于理想主义，而且是出于自利的动机。今天，世界性统理结构中所蕴含的利益与所有国家也都是密切相关的。⑱

世界性民主的扩展是有效地规治世界经济、与全球性的经济不平等作斗争以及控制生态风险的一个条件。我们没有理由在地方层次上攻击市场原教旨主义但任由它在世界层次上称王称霸：

> 全球范围内的自由放任型经济是世界经济史上升时期的一个瞬间，而不是它的终点……毫无疑问，把世界经济组织为一个统一的全球自由市场将会增加不稳定性。它迫使工人承受新技术和不受节制的自由贸易所带来的不利后果。它没有包含使那些危及全球经济均衡的活动受到制约的手段……实际上，它是把全球的未来作为赌注押在这样一个猜想之上：毫无拘束的逐利行为所导致的未曾预期的结果，将使那些巨大的风险得以消解。我们很难想象出比这更加不计后果的赌博了。⑲

全球范围的市场原教旨主义

由于市场原教旨主义的局限和内在矛盾，它已经被迫从国内政治中撤退。但是，它仍然在全球层次上称王称霸，尽管它在更加地方化的背景中存在的问题在全球背景下也仍然存在。在新自由主义的传统中，赋予全球市场自由的支配权是顺理成章的，因为它们与所有的市场一样都是解决难题的机制，而且会趋于均衡。看似非理性的市场波动，实际上是解决问题的精密活动，很快就会使市场恢复到一种新的、重新调整后的均衡状态。但是，一种对全球市场的动力机制所做的、更加令人信服的解释向我们指出：驱动市场决策的主要力量是对价格变化的预期而不是价格本身，而这些预期通常又受到心理因素而不是纯粹的经济现象的影响。危机，反复无常的波动，资本突然注入或者撤出特定的国家和地区——这些都是桀骜不驯的市场的核心特征而不是它的边缘特征。

在1994年的墨西哥危机和紧接着发生的东南亚危机之后，如何规治金融秩序已经成为世界经济中最为紧迫的任务。解除管制无论如何也不能等同于自由，而全球对自由贸易的追求也有赖于有效的管制而不是免除对管制的需要。这种干预的目标是很容易确定的，但是，应当遵循什么样的政策，以及应当如何来实施这些政策，则是很难决定的。这些需要包括：稳定货币的过度运动并控制过火的波动；把短期的货币投机同投资区分开来；健全参与世界经济管理的跨国组织内部的责任制，并重新调整它们的结构。

在全世界每天上万亿美元的货币交易中，只有5%属于贸易和其他实质性的经济交易，其余95%是由投机活动和套利交易构成的。在这些活动中，掌握着巨额资金的交易商瞄准汇率波动和利率差异，以谋取迅速增殖的利润。这些活动扭曲了市场为长期性因素和贸易给出的信号。账面资本（portfolio capital）具有很可观的流动性：上千亿美元的"游资"可以在一天之内撤离一个市场或国家。

第五章　迈向全球化的时代

各国央行没有足够的储备来抵挡众多在弱币贬值上赌博的投机者的集体压力。

自墨西哥危机之后，许多学者都谈到需要创设更加有效的金融统理手段，但真正进行的实质性改革却非常之少。"亚洲四小虎"经济所经历的紊乱，使得对新型管理的需要变得更加明显。不管怎么样，亚洲国家几乎在一夜之间就从工业化成功的典范变成了痛苦挣扎的经济体。在这些事件发生之前，人们无法设想资本的流动居然可以如此轻而易举地造成危机。1996 年，有 930 亿美元的资金流入印度尼西亚、韩国、马来西亚、泰国和菲律宾。而在 1997 年，这一趋势突然发生逆转，有 120 亿美元的资金从这些国家流出。[20]

新自由主义对这些问题的回答，是进一步放开资本市场，但这只是一张会引发比过去数年间发生的危机更严重的经济混乱的处方。认为控制资本的自由流动性会导致效率损失的观点，其实没有考虑到危机的社会成本和经济成本。确保资本回收往往意味着要提高利率并出售国内资产。而且，主张资本的自由流动性能够带来巨大利益至少是值得怀疑的。中国、日本以及其他一些国家就在不具备资本账可兑换性的情况下保持着很高的经济增长率。在欧洲，爱尔兰和葡萄牙的情况也一样，它们直到 20 世纪 90 年代早期还没有完全走到现在这个地步。

应当如何规治金融市场呢？一个关键的方面就是货币投机。欧元的到来意味着将会存在三种世界性货币，而日元能否维持这一地位尚属疑问。这种情况将导致各个货币集团之间的争斗，但是，这也意味着世界经济日趋协调，这种协调将转变为积极的合作。金融家乔治·索罗斯（George Soros）曾提出，欧元和美元可以结合起来，作为一种稳定市场的机制。

稳定汇率对金融机构、企业、投资者和政府都有好处。如果汇率更具稳定性，长期投资和借贷就将受到鼓励。出口商和进口商的成本将会降低，因为他们不再需要耗费成本去防御汇率波动。而且发达国家和发展中国家都一定会获利，因为二者都寻求更大程度的政府自主和更加有效的央行干预。

稳定汇率制度的一种有效替代手段就是人们经常讨论的"托宾税"（Tobin Tax），其首倡者早在25年之前就已经提出了这一手段。[21]这种税收将设定在这样一个比率上，使得纯粹的金融投机变得失去动力，而贸易和直接投资的融资并不会受到不利影响。如果1996年适用了0.5%的税率的话，那么全世界将产生1500万的税收。批评者认为这种税制是不可操作的，因为投机商可以想出办法来逃避它。但是，推行这种税制的最主要障碍其实并不是逃避的问题，也不是更广泛地推行它所带来的问题，而是缺乏政治意愿。在更加地方性的层次上，智利政府的储备制度已经理所应当地吸引了许多人的注意。那些想要在这个国家投资的人必须在该国央行储存一笔数量可观的资金，储蓄时间为一年，而且没有利息，其效果就是把真正的投资与更加投机性的金融交易区别开来。

世界银行、国际货币基金组织和关贸总协定的设立都是为了对付20世纪20年代和30年代的全球经济紊乱，而不是为了解决今天的经济问题。布雷顿森林-关贸总协定体系的建立是为了避免第一次世界大战之后出现的各种困难，包括限制性贸易政策和"大萧条"——这段时期通常被称为"大灾难时代"。其目的是通过一种扩张的和开放的世界经济来鼓励国际经济合作。这些目标大多已经实现。充满敌意的经济民族主义再没有出现过，处于这一体系中的核心位置上的国家之间也再没有爆发过大的战争。在某种意义上，这种成功导致了一整套全新的问题。

我们应当认真考虑在联合国之内设立一个经济安全委员会。正像其他改革一样，这样做面临着巨大的困难，但其重要性却是毋庸置疑的。这要求修改《联合国宪章》，并需要"一种有魄力的政治意志"[22]。八国首脑会议可以继续发挥自己在协调发达国家政策框架方面的作用。包括对货币市场的管理以及对生态风险的回应在内的许多问题，都需要通过由许多国家和团体参与的集体行动来解决。即使是最为自由化的国内经济也不可能在完全没有宏观调控机制的情况下运转，我们没有理由假定世界经济在这方面有什么不同。

全球生态管理的问题在很大程度上与全球社会严重的经济差距问题是重合的。在国家和区域内的排斥和全球范围内的排斥之间存在一种平行的关系。许多国家和地区的日益繁荣使得其他国家日益显得贫困和不受重视。全世界最富有的 20 个国家从 1980 年开始进入了经济稳步增长的时期。全世界四分之一的人口生活在这些国家。经济停滞甚至是绝对的经济衰退则出现在一些穷国。全世界有 30%的人口生活在贫困线上，也就是说，他们的日收入只相当于 1 美元。除南非以外的撒哈拉沙漠以南的非洲，几乎就是一片被排斥的大陆。即使是在贫穷的国度，也存在社会上层的排斥现象。少数精英——他们有时不论以什么样的标准来衡量都是非常富有的——生活在与社会上大多数人相隔绝的物质和文化环境中。在很多情况下，他们公然从洗黑钱、武器交易或贩毒活动中获取收入。

缩小全球不平等的努力所牵涉的问题往往会使人畏缩不前。但是，如果不能建立更强大的全球统理结构，对这些问题施加强有力的影响几乎就是不可能的。同样的情况也适用于生态风险。问题不仅在于环境威胁如何才能得到控制，而且在于，如果贫穷国家的经济发展所导致的不良后果出现了，将如何使它们得到控制。就目前的理解而言，生态现代化没有提供从农业国向工业国转变的策略。至少可以说，全球生态管理（从最低限度上讲）将是非常不容易的，这不仅是因为环境破坏型经济增长所面临的压力，还因为生态风险以及与技术变迁有关的范围更宽的风险本身，都是充满争议的。

不仅右翼谴责上述担心是不必要的扰乱人心之举，而且许多相信"车到山前必有路"的人也这样认为。由于显然没有人能够准确地计算出风险，未来的技术变迁也不可能被预测，任何人都无法勾勒出一幅令人信服的图景。全球性的问题需要地方的主动性来加以回应，但也需要全球性的解决方案。如果我们想要获得一个兼有稳定、公平和繁荣之特性的社会，我们就不能把这些问题留给全球化市场的不稳定旋涡和相对来说较为软弱无力的国际组织去解决。

结　语

20世纪90年代初,参与"社会民主之未来"这一讨论的人士都提及了笼罩着社会民主复兴的失望气氛。①面对着自由市场哲学的兴起以及东欧"现存的社会主义"的解体,整个欧洲及世界上其他地方的社会民主党都失去了信心。罗纳德·里根和乔治·布什(George Bush)在美国掌权,而两个重要的社会民主党(英国和德国的社民党)则长期遭受着冷落。尽管社会民主党人在南欧取得了很好的战绩,但是,从总体上说,"社会民主主义"无论是在选举结果上还是在思想领域内"都陷入了低谷"。②

包括比尔·克林顿当选美国总统在内的一系列重要事件扭转了这一趋势。维姆·科克(Wim Kok)成为荷兰首相,利昂内尔·若斯潘(Lionel Jospin)在法国掌权,罗马诺·普罗迪(Romano Prodi)就任意大利总理。工党在英国大选中的胜利也被许多国家视为一个新的开始。一本讨论1998年欧洲社会民主运动之状态的论文集的作者们宣布:"然后托尼出现了!"他们还补充说,托尼·布莱尔击败了"八十年代社会民主危机的真正象征:撒切尔式的保守主义"③。

但是,许多对这场胜利的规模表示赞许的人同时也把新工党的计划视为一张空头支票。新工党赢得压倒多数选票是一场积极、专业化竞选运动的结果,这场运动利用了美国人开发出来的传媒技术。人们普遍认为新工党的根基是一种传媒导向型的政治,并认为它正在创造一种"设计师社会主义"(designer socialism);"个人形象、象征舞台、声音的感染力、视觉效果"的作用,大于"争论中的问题、论证方式、施政纲领以及对竞选所做的承诺"。④

然而,成功宣传的一项准则是:单靠表面形象是远远不够的。在天花乱坠的宣传背后必须要有某种坚实可靠的东西,否则公众很快就会发现富丽堂皇的外表后面所隐藏的,不过是败絮。如果新工党只能让公众了解到一些运用传媒的实际技能,那么它在政治舞台上逗留的时间将不会太长,而它对社会民主复兴所做出的贡献也将十分有限。我希望事情并非如此。正像我在本书中已经指出的那样,一种实质性的政治纲领已经从关于社会民主主义的讨论中生发出来,而英国应当能够为这一纲领的发展和实施做出一定的贡献。这些讨论越是能够真正地跨越国界,它们所能产生的作用也就越好。即使是在欧洲范围内,跨越民族国家背景的交流与互动也远远没有达到应有的水平。但是,正像目前全球化趋势所实际要求的那样,"中—左"所要做的,应当是在更大的范围内展开对话。

注　释

作者序

① 戴维·马尼德（David Marquand），《布莱尔悖论》（"The Blair Paradox"），《前景》（*Prospect*），1998年5月，第20页。

第一章　社会主义及之后

① 托尼·布莱尔（Tony Blair），《采访》（"Interview"），《卫报》（*Guardian*），1998年2月7日。

② E. F. M. 德宾（E. F. M. Durbin），《经济计划的问题》（*Problems of Economic Planning*），伦敦：劳德里奇出版社，1949年，第41页。

③ 弗里茨·W. 沙尔普夫（Fritz W. Scharpf），《灵活的融合》（"Flexible Integration"），载伊恩·克里斯蒂（Ian Christie），《欧洲视野》（*Euro Visions*），伦敦：迪莫斯出版社，1998年。

④ 戴维·格林（David Green），《重新创造公民社会》（*Reinventing Civil Society*），伦敦：经济事务学会，1993年，第viii页。

⑤ 约翰·格雷（John Gray），《启蒙的形迹》（*Enlightenment's Wake*），伦敦：劳德里奇出版社，1997年，第103页。

⑥ 戴维·马尔斯兰（David Marsland），《福利还是福利国家？》（*Welfare or Welfare State?*），贝辛斯托克：麦克米伦出版公司，1996年，第212页。

⑦ 马尔斯兰，《福利还是福利国家？》，第197页。

⑧ 埃贡·马茨纳（Egon Matzner）和沃尔夫冈·施特雷克（Wolfgang Streeck），《超越凯恩斯主义》（*Beyond Keynesianism*），奥尔德肖特：埃尔加出版社，1991年，第3—4页。

⑨ 赫伯特·基奇勒特（Herbert Kitschelt），《欧洲社会民主的转变》（*The Transformation of European Social Democracy*），剑桥：剑桥大学出版社，1994年，第33页。

⑩ 克努特·海达尔（Knut Heidar），《挪威工党》（"The Norwegian Labour Party"），载理查德·吉莱斯皮（Richard Gillespie）和威廉·E.佩特森（William E. Paterson）编，《重新思考西欧的社会民主》（Rethinking Social Democracy in Western Europe），伦敦：卡斯出版社，1993年，第62页。

⑪ 转引自斯蒂芬·帕吉特（Stephen Padgett），《德国社会民主主义者》（"The German Social Democrats"），载吉莱斯皮和佩特森编，《重新思考西欧的社会民主》，第27、29页。

⑫ 乌尔里希·贝克（Ulrich Beck），《重新创造政治》（"The Reinvention of Politics"），载乌尔里希·贝克、安东尼·吉登斯（Anthony Giddens）和斯科特·拉什（Scott Lash），《自反性现代化》（Reflexive Modernization），剑桥：政治出版社，1994年。

⑬ 英格哈特的作品已经引起了无数的批评和评论。对于这些评议有一份很有用的综述性的文章，请参见克莱夫·比恩（Clive Bean）和叶利姆·帕帕扎基斯（Elim Papadakis），《极化的优先还是灵活的替代？》（"Polarised Priorities or Flexible Alternatives？"），《国际公共舆论研究杂志》（International Journal of Public Opinion Research），第6卷，第3期，1997年。

⑭ 约翰·布伦德尔（John Blundell）和布里安·格罗斯沙尔克（Brian Gosschalk）《超越左与右》（Beyond Left and Right），伦敦：经济事务研究所，1997年。

⑮ 罗伯特·伍斯特（Robert Worcester），"导言"（"Introduction"），载布伦德尔和戈斯沙尔克，《超越左与右》，第3页。

⑯ 基奇勒特，《欧洲社会民主的转变》，第33页。

⑰ 库尔特·松特海默尔（Kurt Sontheimer）转引自帕吉特，《德国社会民主主义者》，第38页。关于近期有关英国的讨论，请参见"联系"（Nexus）网络信息库上的"虚拟思想库"栏目中的文章，这些文章已经被汇编为一本书，参见戴维·哈尔彭（David Halpern）和戴维·米科什（David Mikosz），《第三条道路》（The Third Way），伦敦：联系网络信息库，1998年。

第二章 五种两难困境

① 佩尔旺什·贝雷斯（Pervenche Beres），《对全球化的社会民主化反应》（"The Social Democratic Response to Globalisation"），载勒内·库珀罗斯（René Cuperus）和约翰内斯·坎德尔（Johannes Kandel）编《欧洲社会民主：进行中的变革》（European Social Democracy: Transformation in Progress），阿姆斯特丹：弗雷德里希·埃伯特·施蒂夫通出版社，1998年。

② 大前研一（Kenichi Ohmae），《民族国家的终结：地区经济的兴起》(*The End of the Nation State: The Rise of Regional Economics*)，伦敦：哈珀·科林斯出版社，1995年。

③ 保罗·赫斯特（Paul Hirst）和格雷厄姆·汤普森（Graham Thompson），《全球化的迷思》(*Globalization in Question*)，剑桥：政治出版社，1996年，第1页。

④ 戴维·赫尔德（David Held），《民主和全球化》("Democracy and Globalization")载达妮埃莱·阿尔基布吉（Daniele Archibugi）、戴维·赫尔德和马丁·科勒（Martin Kohler），《重新想象政治共同体》(*Re-imagining Political Community*)，剑桥：政治出版社，1998年。

⑤ 杰弗里·R. 盖茨（Jeffrey R. Gates），《所有权解决方案》(*The Ownership Solution*)，纽约：基础书籍出版社，1998年，第2、36页。

⑥ 海伦·威尔金森（Helen Wilkinson）和杰夫·马尔根（Geoff Mulgan），《自由之子》(*Freedom's Children*)，伦敦：德莫斯出版社，1995年。

⑦ 乌尔里希·贝克，《普遍宣言》("The Cosmopolitan Manifesto")，《新政治家》(*New Statesman*)，1998年3月20日。

⑧ 泽埃夫·施特恩赫尔（Zeev Sternhell），《非左非右》(*Ni Droite ni Gauche*)，巴黎：塞伊出版社，1983年。

⑨ 转引自唐纳德·萨松（Donald Sassoon），《社会主义一百年》(*One Hundred Years of Socialism*)，伦敦：陶里斯出版社，1996年，第776页。

⑩ 诺尔贝托·博比奥（Norberto Bobbio），《左与右》(*Left and Right*)，剑桥：政治出版社，1996年。

⑪ 博比奥，《左与右》，第16页。

⑫ 博比奥，《给批评者的回复》("Reply to the Critics")，载《左与右》，第133页。

⑬ 约瑟夫·拉兹（Joseph Raz），《自由的道德》(*The Morality of Freedom*)，牛津：克拉伦登出版社，1986年，第86页。

⑭ 安东尼·吉登斯（Anthony Giddens），《超越左与右》(*Beyond Left and Right*)，剑桥：政治出版社，1994年。

⑮ J. K. 加尔布雷思（J. K. Galbraith），《满足的文化》(*The Culture of Contentment*)，伦敦：辛克莱-史蒂文森出版社，1992年。

⑯ 乌尔里希·贝克，《风险社会》(*The Risk Society*)，伦敦：塞奇出版社，1992年。

⑰ 壳牌（Shell），《利益和原则》（Profits and Principles），伦敦：壳牌，1998年。

⑱ 乌尔里希·贝克，《重新创造政治》（"The Reinvention of Politics"），载乌尔里希·贝克、安东尼·吉登斯和斯科特·拉什，《自反性现代化》，剑桥：政治出版社，1994年，第17—19页。

⑲ 转引自《重新创造政治》，第22页。

⑳ 华盛顿大学公共事务研究生院（Evans School of Public policy and Covernance, University of Washington），"对政府的信任"项目（Trust in the Government Project），西雅图，1998年。

㉑ 约瑟夫·奈（Joseph Nye），《我们不相信政府》（"In Government We don't Trust"），《外交政策》（Foreign Policy），1997年秋。

㉒ 斐迪南·米勒-隆梅尔（Ferdinand Müller-Rommel），《新挑战者：西欧的绿党和右翼民粹主义政党》（"The New Challengers: Greens and Right-Wing Populist Parties in Western Europe"），《欧洲评论》（European Review），第6卷，1998年，第201页。

㉓ 安德烈·马克威茨（Andrei Markovits）和菲利普·戈尔斯基（Philip Gorski），《德国左派》（The German Left），剑桥：政治出版社，1993年；纽约：牛津大学出版社，1993年，第269页。

㉔ 朱利安·L.西蒙（Julian L. Simon）和赫尔曼·卡恩（Herman Kahn），《资源丰富的地球》（The Resourceful Earth），牛津：布莱克威尔出版公司，1984年。

㉕ 世界环境与发展委员会（World Commission on Environment and Development），《我们共同的未来》（Our Common Future），牛津：牛津大学出版社，1987年，第8页。

㉖ 马尔滕·A.哈耶尔（Maarten A. Hajer），《环境话语的政治》（The Politics of Environmental Discourse），牛津：克拉伦登出版社，1995年。

㉗ 约翰·德雷泽克（John Dryzek），《地球的政治》（The Politics of the Earth），牛津：牛津大学出版社，1997年，第145页。

㉘ 贝克，《重新创造政治》，第29页。

㉙ 朱利安·勒格朗（Julian Le Grand），《骑士、无赖还是走卒》（"Knights, Knaves or Pawns"），《社会政策杂志》（Journal of Social Policy），第26卷，第2部分，1997年4月。

第三章　国家与公民社会

① 约瑟夫·奈，《我们不相信政府》，《外交政策》，1997年5月。

② E.J.迪翁（E.J.Dionne），《它们只是看上去死了》（*They Only Look Dead*），纽约：西蒙和舒斯特出版社，1996年，第290页。

③ 戴维·奥斯本（David Osborne）和特德·盖布勒（Ted Gaebler），《改革政府》（*Reinventing Government*），雷丁：艾迪生·韦斯利出版公司，1992年。

④ 威尔·赫顿（Will Hutton），《我们所在的国家》（*The State We're in*），伦敦：凯普出版社，1995年，第293页。

⑤ 罗伯特·伍斯诺（Robert Wuthnow），《分享旅程》（*Sharing the Journey*），纽约：弗里出版社，1994年，第12页。

⑥ 彼得·霍尔（Peter Hall），《英国的社会资本》（"Social Capital in Britain"）哈佛大学欧洲研究中心油印，1997年。

⑦ 安妮·鲍威尔（Anne Power），《处于边缘的地产》（*Estates on the Edge*），伦敦：麦克米伦图书公司，1997年。

⑧ 朱迪丝·滕德勒（Judith Tendler），《热带地区的良好治理》（*Good Government in the Tropics*），巴尔的摩：约翰·霍普金斯大学出版社，1997年。

⑨ 埃米尔·涂尔干（Emile Durkheim）文，载安东尼·吉登斯编，《涂尔干论政治和国家》（*Durkheim on Politics and the State*），剑桥：政治出版社，1986年，第57页。

⑩ 乔治·L.克林（George L. Kelling）和凯瑟琳·M.科尔斯（Catherine M. Coles），《破窗效应：失序世界的关键影响力》（*Fixing Broken Windows: Restoring Order and Reducing Crime in Our Communities*），纽约：西蒙与舒斯特出版公司，1997年，第20页。

⑪ 斯蒂芬·卡特（Stephen Carter），《文明：礼貌、道德和民主的礼仪》（*Civility: Manners, Morals, and the Etiquette of Democracy*），纽约：基本图书公司，1998年。

⑫ 克林和科尔斯：《破窗效应：失序世界的关键影响力》，第234—235页。

⑬ 朱迪丝·斯泰西（Judith Stacey），《家庭价值观政治中的跨大西洋交通》（"Transatlantic Traffic in the Politics of Family Values"），加利福尼亚州立大学，1997年，第4页。

⑭ 萨拉·麦克拉纳汉（Sara Mclanahan）和加里·桑德福尔（Gary Sandefur），《在单亲家庭中长大》（*Growing Up with a Single Parent*），剑桥：哈佛大学出版社，1994年，第1页。

⑮ 阿德里安娜·伯吉斯（Adrienne Burgess），《重获父权》（*Fatherhood*

Reclaimed），伦敦：朱砂出版社，1997 年，第 214—217 页。

⑯ 阿德里安娜·伯吉斯，《一个完整的家长》（A Complete Parent），伦敦：公共政策研究所，1998 年。

⑰ W. J. 多尔蒂（W. J. Doherty），《最好的年代和最糟的年代》（"The Best of Times and the Worst of Times"），载 A. J. 霍金斯（A. J. Hawkins）和 D.C. 多拉希特（D. C. Dollahite），《创造父亲》（Generative Fathering），伦敦：塞奇出版社，1997 年。

⑱ 丹尼尔·卡拉汉（Daniel Callahan），《设立边界》（Setting Limits），纽约：西蒙和舒斯特出版公司，1987 年。

第四章 社会投资型国家

① 罗伯特·H. 弗兰克（Robert H. Frank）和菲利普·J. 库克（Philip J. Cook），《赢家通吃的社会》（The Winner-Take-All Society），纽约：弗里出版社，1995 年。

② 克里斯托弗·拉希（Christopher Lasch），《精英的反叛和民主的背叛》（The Revolt of the Elites and the Betrayal of Democracy），纽约：诺顿出版公司，1995 年。

③ 安妮·鲍威尔，《处于边缘的地产》。

④ 米基·考斯（Mickey Kaus），《平等的终结》（The End of Equality），纽约·基本图书公司，1992 年。

⑤ 阿兰·沃尔夫（Alan Wolfe），《毕竟是一个国家》（One Nation, After All），纽约：维金出版社，1998 年，第 237 页。

⑥ 沃尔夫，《毕竟是一个国家》，第 238 页。

⑦ 《社会公平委员会报告》（Report of the Social Justice Commission），伦敦：年代出版社，1994 年，第 175 页。

⑧ 约翰·沃尔什（John Walsh），《复兴的故事：共同体的建立和城市化美国的未来》（Stories of Renewal: Community Building and the Future of Urban America），给洛克菲勒基金会的报告（Report to the Rockefeller Foundation），1996 年。

⑨ 尼古拉斯·蒂明斯（Nicholas Timmins），《五个巨人：福利国家传》（The Five Giants: a Biography of the Welfare State），伦敦：丰塔纳出版社，1996 年，第 12 页。

⑩ 基斯·凡·克斯伯根（Kees van Kersbergen），《社会资本主义》（Social Capitalism），伦敦：劳德里奇出版社，1995 年，第 7 页。

⑪ 霍华德·格伦纳斯特（Howard Glennerster）和约翰·希尔（John Hills），《福利国家》（The State of Welfare）第2版，牛津：牛津大学出版社，1998年。

⑫ 阿萨尔·林贝克（Assar Lindbeck），《中间道路的终结？》（"The End of the Middle Way？"），《美国经济评论》第85期，1995年。

⑬ 彼得·鲍德温（Peter Baldwin），《社会稳定的政治》（The Politics of Social Solidarity），剑桥：剑桥大学出版社，1990年，第292页。

⑭ 斯图尔特·弗莱明（Stuart Fleming），《当我们64岁时我们将挣到什么》（"What We'll Earn When We're 64"），《新政治家》，1998年6月5日。

⑮ 威尔·赫顿，《我们所在的国家》，伦敦：凯普出版社，1995年。

⑯ 埃德蒙·柏克（Edmund Burke），《法国革命论》（Reflections on the Revolution in France），伦敦：登特出版社，1910年，第93—94页。

⑰ 卡拉汉，《设立边界》，第46页。

⑱ 卡拉汉，《设立边界》，第20页。

⑲ 斯蒂芬·尼克尔（Stephen Nickell），《失业和劳动市场的刚性》（Unemployment and Labour Market Rigidities），《经济展望杂志》（Journal of Economic Perspectives），1997年，第11卷。

⑳ 多米尼克·维达尔（Dominic Vidal），《荷兰的奇迹还是幻景》（"Miracle or Mirage in the Netherlands？"），《法国世界外交论衡月刊》（Le Monde Diplomatique），1997年7月。

㉑ 罗莎贝斯·莫希·坎特（Rosabeth Moss Kanter），《主题演讲》（"Keynote Address"），《经济表现中心：就业能力和排他性》（Centre for Economic Performance: Employability and Exclusion），伦敦：CEP，1998年5月。

㉒ 罗莎贝斯·莫希·坎特，《主题演讲》，第65—68页。

㉓ 乌尔里希·贝克，《没有工作的资本主义》，《异见》（Dissent），1997年冬季，第102页。

㉔ 杰里米·里夫金（Jeremy Rifkin），《工作的目的》（The End of Work），纽约：普特南出版社，1995年，第225页。

㉕ 贝克：《没有工作的资本主义》（"Capitalism without Work"），第106页。

第五章 迈向全球化的时代

① 戴维·米勒（David Miller），《论民族主义》（On Nationalism），伦敦：克拉伦登出版社，1995年，第416、420页。

② 罗杰·斯克鲁顿（Roger Scruton），《捍卫民族》（"In Defence of the Nation"），载《多佛尔海岸上的哲学》（*The Philosophy on Dover Beach*），曼彻斯特：卡尔卡纳特出版社，1990年，第310页。

③ 米勒，《论民族主义》，第140页。

④ 琳达·科利（Linda Colley），《英国人》（*Britons*），纽黑文：耶鲁大学出版社，1992年。

⑤ 伯纳德·克里克（Bernard Crick），《英格兰人与不列颠人》（"The English and the British"），载《国家认同》（*National Identities*），牛津：布莱克威尔出版社，1991年，第90页。

⑥ 赫尔曼·施特拉塞尔（Hermann Strasser），《关于多元文化社会的德意志辩论》（"The German Debate over Multicultural Society"），《加拿大社会学杂志》（*Canadian Journal of Sociology*），第22期，1997年。

⑦ 在论述世界性民主这一思想的发展时，我得益于这一思想的首倡者之一戴维·赫尔德（David Held）的著作，特别是他的《民主与全球秩序》（*Democracy and the Global Order*），剑桥：政治出版社，1995年一书。

⑧ 罗伯特·哈维（Robert Harvey），《强人的回归》（*The Return of the Strong*），伦敦：麦克米伦出版公司，1995年，第XV页。

⑨ 阿兰·明克（Alain Minc），《新中世纪》（*Le Nouveau Moyen Âge*），巴黎：伽利玛出版社，1993年版。

⑩ 约翰·基根（John Keegan），《战争和我们的世界》（*War and Our World*），伦敦：哈钦森出版社，1998年，第3页。

⑪ 迈克·麦圭尔（Mike McGwire），《重建和苏联国家安全》（*Perestroika and Soviet National Security*），纽约：布金斯出版社，1991年。

⑫ 戴维·赫尔德等（David Held et al.），《全球改变：政治、经济和文化》（*Global Transformations: Politics, Economy and Culture*），剑桥：政治出版社，即出。

⑬ 阿尔贝托·蒂塔（Alberto Tita），《全球化：一个新的政治和经济空间，要求跨国的管理》（"Globalisation: a New Political and Economic Space, Requiring Supranational Governance"），油印本，意大利天主教圣心大学，1998年，第2页。

⑭ 若斯·德伯斯（Jos de Beus），《现代化的社会民主和欧洲的基本民主化》（"Modernised Social Democracy and the Fundamental Democratisation of Europe"），载库珀罗斯和坎德尔编，《欧洲社会民主：进行中的变革》。

⑮ 马克·莱昂纳德（Mark Leonard），《重新发现欧洲》（*Rediscovering*

Europe),伦敦:德莫斯出版社,1998 年。

⑯ 达妮埃莱·阿尔基布吉(Daniele Archibugi)、戴维·赫尔德和马丁·科勒(Martin Kohler),《重新想象政治共同体》(*Reimagining Political Community*),剑桥:政治出版社,1998 年。

⑰ E. 奇尔德斯(E. Childers)和 B. 厄克特(B. Urquhart),《重新思考联合国体系》(*Renewing the United Nation System*),乌普萨拉:达格·哈马舍尔德基金会,1994 年,第 297 页。

⑱ 弗雷德·哈利戴(Fred Halliday),《全球统理:前景和问题》("Global Governance-Prospects and Problems"),《公民研究》(*Citizenship Studies*),第 4 卷,第 1 号,即出。

⑲ 约翰·格雷(John Gray),《错误的黎明》(*False Dawn*),伦敦:格兰塔出版社,1998 年,第 199—200 页。

⑳ 杰格迪什·巴格瓦蒂(Jagdish Bhagwati),《资本迷思》("The Capital Myth"),《外国事务》(*Foreign Affairs*),第 77 卷,1998 年。

㉑ 马赫布卜·哈克(Mahbub ul Haq)等,《托宾税》(*The Tobin Tax*),牛津:牛津大学出版社,1996 年。

㉒ 马赫布卜·哈克,《联合国内经济安全一例》("The Case for an economic Security Council in the United Nations"),载阿尔伯特·保利尼(Albert J. Paolini)等,《主权与全球统理之间》(*Between Sovereignty and Global Governance*),伦敦:麦克米伦出版社,1998 年,第 229 页。

结语

① 理查德·吉莱斯皮(Richard Gillespie),《社会民主复兴的计划?》("A Programme for Social Democratic Revival?"),载吉莱斯皮和佩特森,《重新思考西欧的社会民主》。

② 勒内·库珀罗斯和约翰内斯·坎德尔,《社会民主魔法般的回归》("The Magical Return of Social Democracy"),载库珀罗斯和坎得尔编,《欧洲社会民主:进行中的变革》,第 13 页。

③ 库珀罗斯和坎德尔,《社会民主魔法般的回归》,第 13、15 页。

④ 托马斯·迈尔(Thomas Meyer),《基本价值观、沟通和党派组织》("Basic Values, Communication and Party Organisation"),载库珀罗斯和坎得尔编,《欧洲社会民主:进行中的变革》,第 259 页。

索 引

（索引页码为原书页码，即本书边码）

ageing population 老龄化人口 46, 118—119, 121

authoritarians 威权主义者 22—23

Beck, Ulrich 贝克, 乌尔里希 36, 49, 53

Beveridge, William 威廉·贝弗里奇 111, 117

bipolar world 两极世界 7—8, 11, 14, 24, 71, 136—138, 140

Blair, Tony 托尼·布莱尔 viii, 1, 22, 25, 40, 67, 109, 155

Bobbio, N. N.博比奥 38—40, 43

Brazil, Ceará 巴西, 塞阿拉州 82—83

Britain 英国 6, 56—57, 59—60, 62, 73—74, 118—119, 135, 137

Burke, Edmund 埃德蒙·柏克 11, 15, 121

capitalism 资本主义 3—5, 9—10, 43—44

challenger parties 挑战者政党 48, 51—52

children 儿童 89, 92, 94—97, 111—112

citizenship 公民身份 50, 57, 71, 108

civil society 公民社会 11—12, 69, 78—87, 127, 140

class 阶级 13, 20, 23, 104

Clinton, Bill 比尔·克林顿 25, 75, 154

Communism 共产主义 1, 3, 17—18, 24

community 社区（或共同体）79—80, 85—89, 104, 110—111

conservatism 保守主义 3, 6, 11, 15, 21—22, 67—68, 120—121

cosmopolitanism 世界主义 67, 69, 77, 124, 129—132, 136, 138—141

crime 犯罪 86—89, 98

democracy 民主 66—67, 70—77, 93, 142

devolution 权力下放 78, 135

divorce 离婚 89, 92—94, 96—97

Eastern Europe 东欧 143—144

ecological modernization 生态现代化 52, 57—58, 61, 67, 153

ecology 生态 11, 14, 17—19, 28, 54—63, 109, 153

education 教育 84, 102, 108—110,

索 引

113，125
employment 就业 16，103—104，125—127
entrepreneurship 创业 83—84，124
environmental movements 环境保护运动 54—55，140
equality 平等 10，13，24，40—42，65，93，100—101，107
Europe 欧洲 7，17—18，122；还可参见 Eastern Europe 东欧
European Union 欧洲联盟 29，73，130，136，141—147
exclusion 排斥性 102—105，109，124

family 家庭 12，16，68，89—92，94—95，97—98
financial markets 金融市场 148—150
freedoms 自由 21，22，100

Galbraith, J. K. J. K. 加尔布雷思 45
Germany 德国 19—20，24，50—51，54，111，126，134—137
globalization 全球化 14，27—33，42，64，71，137—138，140-141，146
governance 统理 33，134，140—141，144—147

health care 保健 109，113
Hewlett Packard 惠普公司 127
Holland 荷兰 56—57，112，122—123，143
human capital 人力资本 48，101，117，124
identity 认同 31—32，130—131，133，135—136
IGOs 政府间国际组织 140

IMF 国际货币基金组织 141，145，151
Immigrants 移民 40，104，135—136
individualism 个人主义 27，33—37，65—66，71，85—86
inequality 不平等 2，12—13，78，91，102—106，108—110，152
Inglehart, R. 英格哈特, R. 19，21，22，36，81

job creation 创造工作机会 123—124，126

Keynes, J. M. J. M. 凯恩斯 9—10，16

labour market 劳动力市场 viii，16，110，122，126
Labour Party 工党 10，17—18，22，40，73—74，154—155
left/right division 左—右之分 21—22，28，37—46
liberalism 自由主义 106—108
libertarians 自由放任论者 6，21—23，90

Major, John 约翰·梅杰 13
market forces 市场力量 35，148—150
markets 市场 5，8—9，12—14，15，65，75，99，129，147—153
marriage 婚姻 89—91，95
Marshall, T. H. T. H. 马歇尔 10，71
Marx, K. K. 马克思 1，3—4，9，13，34，43，46
meritocracy 精英统治 101—102
multiculturalism 多元文化主义 12，132，136

nation-state 民族国家 29，31—32，

53, 130
national identity 民族认同 130—131, 134—137
nationalism 民族主义 38
neoliberalism 新自由主义 ix, 5, 11—14, 25, 101—102, 106；～与保守主义 6, 15, 21—22；～与市场力量 99, 148—150；～与社会民主 7—8, 34；还可参见 Thatcherism 撒切尔主义
new mixed economy 新型的混合经济 69, 99—100
new social movements 新的社会运动 47, 53
NGOs 非政府组织 33, 48, 53, 140—141

OECD 经济合作与发展组织 30, 122, 145

parenthood 家长 90, 93—97
pension funds 养老基金 30
pensions 养老金 115—116, 118—120
politics 政治 2, 20—23, 39, 47, 50—51, 80
pollution 污染 55, 109, 128
post-materialism 后物质主义 19, 21, 36, 81
poverty 贫困 104, 109—111, 114, 152
power 权力 23—24, 72—73, 137—138
public and private sectors 公共部门与私人部门 100, 111—112, 125—126
public space 公共空间 85—86, 107—108

Reagan, Ronald 罗纳德·里根 5, 112, 154
right-wing politics 右翼政治 39—40, 42, 51—52, 90
rights/responsibilities 权利/责任 65—66, 121, 141
risk 风险 58—60, 63—64, 76, 100, 116

Scandinavia 斯堪的纳维亚 viii, 6—7, 114—115, 119
science and technology 科技 43, 58—59, 103—104, 106
Scotland 苏格兰 31—32, 135
sexuality 性 22, 91—92, 94
Shell oil company 壳牌石油公司 49—50
small-group movement 小群体运动 80—81
social cohesion 社会凝聚力 12, 37, 42, 97—98
social democracy 社会民主主义 5, 17, 27—37, 75；～与两极世界 11, 24；古典～ 6—9, 34, 99；～与生态 28, 54—63；～与平等 10；～与家庭 90—91；德国～ 19—20；～与左—右之分 28, 37—46；～与新自由主义 7—8, 34；老派～ 8—11, 16；～与权力 23—24；～与风险 100
social investment state 社会投资型国家 117, 127—128
social security 社会保障 113—114, 118
socialism 社会主义 1—2, 3—5, 21—22, 155
sovereignty 主权 16, 32, 140
state 国家 8—9, 11—12, 24, 69, 70—76, 85—86；还可参见 govern-

ment 政府
state intervention 国家干预 8—9，19—20，62
sub-politics 亚政治 49—50，53—54
sustainable development 可持续发展 56
Sweden 瑞典 23，25，75—76，112，115

taxation 税收 10，150—151
Thatcherism 撒切尔主义 5—6，8，12—13，17，34—35，39—40，113，155
third way politics 第三条道路政治 viii，25—26，64—69，78—86，99—100，112—113，127
time dollars 时间货币 83—84，127
trade 贸易 29，33
unemployment 失业 114，122—124，126
United Nations 联合国 49，141，145—146，151—152

US 美国 11，29，42，76—77，84—85，108，125—126，135
value changes 价值变迁 27
voting 投票 20，23，51，75，143
war 战争 139—140
wealth creation 财富创造 82，99，117
welfare 福利 46，108，111—113，117，128
welfare benefits 福利的好处 9，65—66，118
welfare expenditure 福利开支 106—107，113—114，122
welfare state 福利国家 2，4—7，10，11，13，71，111，114—115，118—120
welfare to work 劳动福利 viii，125
women's role 女性的角色 20，81
World Bank 世界银行 141，145，151
WTO 世界贸易组织 141，145

图书在版编目(CIP)数据

第三条道路:社会民主主义的复兴/(英)安东尼·吉登斯著;郑戈译.—北京:商务印书馆,2024
ISBN 978-7-100-23532-7

Ⅰ.①第… Ⅱ.①安…②郑… Ⅲ.①社会民主主义—研究 Ⅳ.①D091.6

中国国家版本馆 CIP 数据核字(2024)第 057635 号

权利保留,侵权必究。

第三条道路
社会民主主义的复兴
〔英〕安东尼·吉登斯 著
郑戈 译

商 务 印 书 馆 出 版
(北京王府井大街36号 邮政编码100710)
商 务 印 书 馆 发 行
北京通州皇家印刷厂印刷
ISBN 978-7-100-23532-7

2024年5月第1版 开本880×1230 1/32
2024年5月北京第1次印刷 印张 4¾
定价:34.00元